Dr. Chuck und Lency Spezzano

Es muss einen besseren Weg geben

*Ein Handbuch
zur Psychologie der Vision*

Einführung in Essenz, dynamische Modelle,
Prinzipien und Methoden einer kreativen neuen
Schule der transpersonalen Heilung

Verlag Via Nova

Redaktionelle Mitarbeit und Übersetzung aus dem
Amerikanischen: Wulfing von Rohr

Englischer Originaltitel:
It's never too late to have a happy childhood –
A Handbook for the Psychology of Vision
© der Originalausgabe 2003 Chuck und Lency Spezzano

2. Auflage 2008
Verlag Via Nova, Alte Landstr. 12, 36100 Petersberg
Telefon: (06 61) 6 29 73
Fax: (0661) 96 79 560
E-Mail: info@verlag-vianova.de
Internet: www.verlag-vianova.de
Umschlag: Marketing Design Service GmbH, Hamburg
Satz: Sebastian Carl
Druck und Verarbeitung: Fuldaer Verlagsanstalt, 36037 Fulda

© Alle Rechte vorbehalten

ISBN 978-3-86616-094-1

Einführung

Es muss einen besseren Weg geben
Ein Handbuch zur Psychologie der Vision

Chuck und Lency Spezzano, die Autoren dieses Grundlagenbuchs, haben ihre Arbeit auf der Basis von zusammen mehr als 50 Jahren psychologischer Praxis entwickelt. Die daraus entstandene „Psychologie der Vision" baut auf den Werken der Visionäre Freud, Jung, Frankl und Perls auf und berücksichtigt auch Erfahrungen aus Hypnotherapie, Gestalttherapie und NLP (Neurolinguistische Programmierung).

In ihrer langjährigen Therapiepraxis haben Chuck und Lency darüber hinaus ganz eigene Einsichten, Modelle, Konzepte, Methoden und Techniken gewonnen und erarbeitet, die als Ganzes die Psychologie der Vision bilden. Diese sehr spezielle, neu entwickelte Psychologie macht es möglich, noch zielgerichteter, leichter und rascher klärende und heilende Bewusstseinsarbeit zu leisten.

Die Grundsätze und Lehren aus „Ein Kurs in Wundern" haben den originären Ansatz der Psychologie der Vision bestätigt und zugleich ganz neue Ausblicke auf weitere psychologische und therapeutische Forschungsaufgaben geöffnet.

Die Psychologie der Vision ist inzwischen zu einer neuen kreativen Schule der transpersonalen Heilung geworden. Hier verbinden sich auf wunderbare und beglückende Weise Psychologie und Spiritualität, wissenschaftlich fundierte Erfahrungen und schamanistische Heilung, Therapie und Gnade.

Sie ist ein sich ständig dynamisch und evolutionär weiter entwickelndes Gesamtwerk, das eine Reihe spezifischer Prozesse anbietet, die immer wieder verfeinert werden.

Das Ziel in der Psychologie der Vision ist nicht weniger als eine ganzheitliche Transformation, die das Leben nicht nur lebenswert, sondern auch liebenswert macht! Sie ist sowohl eine Wissenschaft wie eine Kunst, die möglich macht, dass wir alle Aspekte unserer selbst entdecken, die im unterbewussten, unbewussten bzw. schamanischen und im spirituellen Bewusstsein verborgen sind.

Dieses Buch möchte:
- innovative und wirkungsvolle Samen säen, um das Bewusstsein von Lesern und Leserinnen zu wandeln und die Welt zu verändern;
- die Psychologie der Vision als eine der bedeutenden neuen psychologischen Schulen des 21. Jahrhunderts einer größeren Öffentlichkeit vorstellen;
- den Wert und die Nachhaltigkeit ihrer Modelle und Methoden für Therapeuten präsentieren;
- Menschen, die eigene Transformation anstreben, ein Handbuch anbieten, das die Essenz, Vorgehensweisen und Techniken der Psychologie der Vision beschreibt;
- den Teilnehmern und Teilnehmerinnen an Seminaren und Workshops helfen, die Wirksamkeit ihrer persönlichen Prozesse zu vertiefen und zu beschleunigen;
- jenen Menschen, die sich überlegen, eine formale Ausbildung zu beginnen, dabei helfen, die Grundlagen der Psychologie der Vision besser zu verstehen;

- das Verständnis über die fundamentalen humanistischen Prinzipien der Psychologie der Vision einer Öffentlichkeit ans Herz legen, die nach Wegen zur ganzheitlichen Veränderung der Welt sucht;
- schließlich Aufbau, Bedeutung und Anwendung der Psychologie der Vision inhaltlich korrekt und doch leicht lesbar darstellen.

Ich bin sicher, dass Sie nicht nur eine faszinierende Lektüre vor sich haben, sondern auch eine Öffnung Ihres Herzens und Ihrer Seele erleben dürfen. Bereits wenn man von den dynamischen Prinzipien der Psychologie der Vision liest, wird das bei vielen Lesern und Leserinnen eine echte Erfahrung der Erleuchtung und der Wiedergewinnung ihrer eigenen Kraft auslösen.

Wie die vielen Tausende von Teilnehmern ihrer Seminare, Workshops und Ausbildungen bin ich Lency und Chuck Spezzano dankbar dafür, dass sie ihre außergewöhnlichen psychologischen Einsichten, ihre besonderen therapeutischen Erfahrungen und ihre beispielhafte spirituelle Reife und Weisheit mit uns und allen jenen teilen, die nach wirklich tiefgreifender persönlicher Transformation und Erfüllung suchen.

Wulfing von Rohr[1]

---

[1] Übersetzer, Autor zahlreicher Bücher über Spiritualität und Meditation, Mitglied in der Internationalen Gesellschaft für Tiefenpsychologie, Firmenberater

1. Die Notwendigkeit einer Vision

In der Bibel heißt es: „Ein Volk ohne Vision verdirbt." Vision ist ein kreatives Abenteuer, ein neuer Weg, der geboren wird. Vision ist positive Zukunft, die bereits in der Gegenwart ihre Möglichkeiten bietet. Vision erneuert die Welt und führt zu einer Wiedergeburt aus Routine, Ermüdung und zerbrochenen Träumen. Vision erlaubt uns, Licht zu sehen, den Weg nach Hause zu sehen und auf dem Weg voranzugehen.

Vision bedeutet, sich der schöpferischen spirituellen Kraft der Liebe hinzugeben und dieser Kraft zu gestatten, uns zu führen. Vision heißt, so viel von unserem Herzen zu geben, dass wir wie Artisten auf dem Drahtseil immer an der kreativen Schwelle leben, gleich, was wir gerade tun. Dann führen wir das Leben von Heroen, von Sternen, die in der Dunkelheit leuchten und den Heimweg zeigen, den Weg in den Himmel – weil wir so viel von uns selbst geben.

Wir befinden uns jetzt in einer Zeit, die eine Wiedergeburt notwendig braucht, eine Vision dessen, dass wir alle zusammen sind, und einen neuen Weg, damit wir erkennen, dass wir alle gemeinsam im selben Team sind. Dazu ist es notwendig, dass wir selber den Schritt in einen Zustand der Vision machen. Wenn wir als Visionäre leben, werden unsere Kinder zu Meistern. Wenn wir als Meister leben, werden unsere Kinder erleuchtet sein.

Eine persönliche Geschichte über Heilung, Erfolg und Offenbarung von Chuck

Es war 1983. Ich leitete einen Tagesworkshop in Devon in Südengland. Im ersten Teil des Nachmittags hob eine weißhaarige 80-jährige Frau ihre Hand, um um Hilfe zu bitten. Sie war mit ihrer besten Freundin, einer anderen Frau mit weißen Haaren, beim Workshop. Sie erzählte von einem alles durchdringenden Gefühl der Einsamkeit in ihrem Leben, das mit einem Gefühl der Distanziertheit von ihrer einzigen Tochter gepaart war. Mit ihren 80 Jahren malte sie ihr Leben und ihre Ehe als etwas aus, das so rasch „wie ein Traum" vergangen war. Nun, am Ende ihres Lebens, fühlte sie sich, als ob sie etwas Wichtiges, etwas Vitales verpasst hätte.

Ich bediente mich der intuitiven Methode und fragte sie: „Falls du das wissen könntest: Wie alt warst du, als dieses Gefühl anfing?" Sie antwortete: „Mit 12 Jahren."

Dann fragte ich sie: „Falls du das wissen könntest: Wer war bei dir, als dieses Gefühl begann?" Sie sagte: „Das war meine Mutter."

Ich fragte sie: „Falls du das wissen könntest: Was ist passiert, was dieses Gefühl ausgelöst hat?" Sie sagte: „Meine Mutter schrie mich an. Sie schimpfte mich aus."

Ich sagte: „Falls du das wissen könntest: Was hast du damals angefangen von dir selbst zu denken, weil du ausgeschimpft wurdest?" Sie fing zu weinen an und sagte: „Ich begann zu glauben, dass ich nicht liebenswert war."

Ich fragte sie, ob es das war, was das Gefühl der Einsamkeit in ihrem Leben verursachte. Sie sagte: „Das war im Kern, im Herzen davon."

Dann fragte ich sie, ob sie schon mal jemanden angebrüllt hätte, irgendjemanden. Sie sagte: „Ja, das habe ich."

Ich fragte sie, was sie fühlte, wenn sie jemanden anschrie. Sie antwortete: „Wenn ich so aufgebracht war, jemanden anzuschreien, dann war das normalerweise, weil ich Angst um ihn hatte."

Ich fragte sie: „Wenn du Menschen anbrüllst oder sie ausschimpfst, heißt das, dass du sie nicht liebst? Dass sie nicht liebenswert seien?" Sie sagte: „Nein, es passiert, weil ich sie so sehr liebe, dass ich Angst um sie habe."

Dann fragte ich sie: „Was glaubst du, was deine Mutter fühlte, als sie sich damals so verhielt?" Sie sagte: „Sie hatte auch Angst. Sie fürchtete sich, weil ich gerade in die Pubertät gekommen war und sie nicht wusste, wie sie mit mir kommunizieren oder ihre Sorgen ausdrücken sollte."

Ich sagte: „Als deine Mutter dich anschrie, glaubst du, dass sie dir ein Signal gab, dass du nicht liebenswert seist, oder glaubst du, dass sie nur davor Angst hatte, was dir zustoßen könnte?" Sie antwortete: „Sie hatte nur Angst ...," und dann brach sie in einen herzzerreißenden Schrei aus: „Meine Mutter hat mich geliebt!" „Meine Mutter hat mich geliebt", strahlte sie unter Tränen ihre beste Freundin an, die sie, gleich alt wie sie selbst, in ihren Armen hielt. Sie weinte sich ihr Herz richtig aus.

Die nächste Szene gehört zu denen, die mein Leben am dauerhaftesten begleiten. Es war Teepause und die beiden weißhaarigen Frauen spazierten vor mir den Gang hinunter – Arm in Arm und voller Freudentränen. Später hörte ich, dass zwischen der Frau und ihrer Tochter eine tiefe Versöhnung stattgefunden und sich zwischen ihnen eine neue Ebene der Kommunikation und Freundschaft geöffnet hatte. Nach 68 Jahren fiel endlich das Missverständnis weg, ungeliebt zu sein, und sie konnte sich selbst wieder als liebenswert und lebendig erspüren.

2. Die Psychologie der Vision

Die Essenz

- Die Psychologie der Vision ist ein *Weg des Herzens*; sie ist ein Weg der Liebe. Als ein Weg des Herzens erkennt und würdigt sie, dass in der Welt von heute Mut, Kunst und wahres Heldentum notwendig sind. Sie fördert Geschwisterlichkeit und bietet eine Brücke zu allen Menschen und Völkern in der Welt. Sie bildet darüber hinaus eine Brücke zwischen Himmel und Erde.

- Sie ist ein *Weg der Evolution*, auf dem Menschen sich ausdrücklich zusammenfinden, um sich und anderen wieder zu ihrer ursprünglichen Kraft zu verhelfen, um das Leben besser zu machen, um aktuelle Probleme zu überwinden und um in Beziehungen, in der Familie, in Bezug auf Gesundheit und Beruf liebevoller und erfolgreicher zu werden. Sie ist so konzipiert, dass sie unsere Liebe, unser Verstehen, Vertrauen, Glück und Wohlbefinden stärkt und vergrößert.

- Als ein *Weg der Vision* ist die Psychologie der Vision schöpferisch auf eine positive Zukunft ausgerichtet.

- Als ein *Weg der Verantwortlichkeit* lehrt die Psychologie der Vision, wie wir angemessen sowohl auf andere wie auf uns selbst eingehen.

- Als ein *spiritueller Weg* stellt sie ein Studium der Evolution der Seele dar, die dabei ist, sich als Geist zu erfahren und zu verwirklichen. Die Psychologie der Vision erkennt und würdigt die unsichtbare Kraft von Gnade, Liebe, Glück und Einheit.

- Als ein *evolutionärer Weg* nimmt die Psychologie der Vision die Notwendigkeit für Wandel und Transformation wahr. Dabei handelt es sich um eine Evolution vom *Werden* zum individuellen *Sein* und vom individuellen *Sein* zum *großen Sein*.

Die Absicht der Psychologie der Vision besteht darin, eine neue Vision zu entwickeln und eine praktische Lebensweise aufzuzeigen, wie man diese Vision leben kann. Sie soll die Welt auf eine neue Ebene der Gleichberechtigung, Freundschaft, Partnerschaft und Kooperation bringen. Die Psychologie der Vision beleuchtet gegenwärtige Weltprobleme auf der Ebene der Gesellschaft, der Gemeinde und auf der persönlichen Ebene und zeigt transformative Methoden und Wege auf, wie man eine neue Lebensführung verwirklichen kann. Sie macht ein neues Wertsystem für die Welt deutlich, das über die furchtsame, dissoziierte und auf Wettbewerb angelegte Lebensweise hinausgeht zu einer Lebensform, die Gegenseitigkeit verkörpert, Anteilnahme und Teilen und gegenseitige Hilfe auf einem neuen Weg nach vorn. Das ist eine Lebensweise, die auf Beziehungen beruht und die Welt zur Interdependenz führt, zur wechselseitigen Beziehung.

Die Psychologie der Vision ist sowohl praktisch als auch evolutionär ausgerichtet, in dem Sinne, dass sie uns hilft, größeren Erfolg und tiefere Erfüllung, größere Freude und größere Integrität zu entwickeln, in voller Kreativität und bis hinauf zu „Erleuchtung" und darüber hinaus.

Ein innerer Weg zur äußeren Aktion

Die Psychologie der Vision ist ein innerer Entwicklungsweg, der zu einer äußerlich sichtbaren Aktion führt. Sie ist ein Weg des Lernens und Verlernens. Sie ist ein Pfad, um Begabungen und Fähigkeiten wieder zu entdecken sowie umfassendere und nachhaltigere Zustände der Einheit und Freude. Sie macht es uns möglich, Aspekte unserer selbst wiederzuerlangen, die wir im Laufe unseres Lebens verloren haben. Dazu gehören unsere Fähigkeiten zu fühlen, uns auszudrücken, Liebe zu empfangen und mit anderen zu teilen und wahre Nähe zu spüren. Die Psychologie der Vision erlaubt uns, aus unseren Erfahrungen in der Vergangenheit zu lernen, vor denen wir uns zu sehr gefürchtet haben. Sie fördert, diese Erfahrungen zu verstehen, abzuschließen und wieder freizugeben und loszulassen, damit wir als reife und liebevolle menschliche Wesen im Leben voranschreiten können.

Die meisten Menschen leben in der Vergangenheit, betrachten das Leben durch den Filter der Vergangenheit und denken Gedanken, die von der Vergangenheit bestimmt sind. Das führt unmittelbar zu Negativität, Angst und Unglücklichsein. Alle leidvollen Gefühle, die wir erfahren, sind ein Resultat davon, die Vergangenheit in die Gegenwart mitzuschleppen.

Die Psychologie der Vision geht davon aus, dass die meisten Menschen in einem Zustand der Transferenz, der Übertragung, leben anstatt in einem Zustand der Kreativität, der schöpferischen Gestaltungskraft. Das bedeutet, dass wir – solange unser Leben kein Ausdruck von Liebe und Kreativität ist – alte Lebensumstände und Situationen weiterleben bzw. sie in die Gegenwart übertra-

Was ist meine Seelenaufgabe?

gen. Wir versuchen, die Menschen in unserer Umwelt für unsere Fehler in der Vergangenheit zahlen zu lassen, und gleichzeitig bemühen wir uns, dass sie unsere alten unbefriedigten Bedürfnisse erfüllen. Wir brauchen immer dann Heilung, wenn wir auch nur ein bisschen weniger erfahren als das Glück, in der Gegenwart zu leben.

Das Ausmaß, zu dem wir in der Vergangenheit leben, wird vom Maß bestimmt, in dem wir entweder kompensieren und uns selbst in die Zukunft voranstoßen - oder davor Angst haben. Aufgrund unserer Beschäftigung mit unserer Vergangenheit und Zukunft schaffen wir es glänzend, die Gegenwart zu vermeiden. Das letzte Tor zur Ewigkeit ist, vollständig in der Gegenwart zu leben – im Zustand der Meisterschaft, der im Buddhismus als der weglose Weg umschrieben wird.

Die Psychologie der Vision konzentriert sich darauf, dass wir unseren Lebenssinn erfüllen, dass wir unsere Seelenaufgabe erkennen und verwirklichen. Es gibt Aspekte unseres allgemeinen Sinns, den wir mit allen anderen gemein haben. Dazu gehören glücklich zu sein, uns zu heilen und der Welt zu helfen. Die einfachste und natürlichste Weise, den Zustand der Vision zu erfahren, besteht jedoch darin, unseren persönlichen Lebenszweck zu leben. Vision zeigt uns unseren Zweck und unsere Aufgabe, und die Hingabe an unseren Sinn nährt und stärkt den schöpferischen Zustand von Vision. Die Seelenaufgabe zu erfüllen ist der Grund, warum jeder von uns auf diese Erde gekommen ist. Sie ist das, was nur wir allein tun können; sie ist das, was schlicht nicht erledigt wird, wenn wir selbst es nicht vollbringen. Unser persönlicher Lebenssinn ist das, was wir am allerliebsten für uns selbst tun würden, für unsere Lieben und für die ganze Welt. Indem wir die Gabe geben, die unseren persönlichen Lebenszweck ausmacht, werden wir erfüllt sein. Indem wir unseren Sinn erfüllen, werden wir zu Partnern Gottes.

Die Psychologie der Vision erkennt, dass das Innere und das Äußere miteinander verbunden sind und dass die Welt ein Makrokosmos unseres Bewusstseins ist. Die Welt ist eine holographische Spiegelung oder Projektion dessen, was in unserem Inneren ist. Damit sind wir persönlich für unser Leben und unsere Welt verantwortlich. Diese Verantwortung verleiht uns Macht. Sie gibt uns die Mittel an die Hand, uns selbst und die Welt zu verändern. Falls wir die Bereitschaft aufbringen, in unsere Herzen zu blicken, können wir das sehen, was nicht stimmt, was nach Veränderung und Heilung schreit, und uns seiner Korrektur zuwenden. Jedes Mal, wenn wir das tun, bewirkt das eine Neugeburt in unserem Leben. Wenn wir das vollziehen – diese Innenschau und Heilung –, entdecken wir, dass für jede Veränderung, die wir innerlich erfahren, auch eine entsprechende Veränderung im Außenleben stattfindet. Unsere Familien, unsere Lebensgemeinschaften und die Weltereignisse verändern sich.

Die Psychologie der Vision ist eine „Ehe" zwischen Psychologie und Gnade. Sie stellt eine Landkarte zur Verfügung, die sich psychologischer und spiritueller Begriffe bedient, welche die Themen beschreiben, denen wir in jedem Entwicklungsstadium gegenüberstehen. Und sie lehrt uns, wie wir erfolgreich darauf eingehen.

Die Psychologie der Vision verfügt zwar über eine Fülle transformativ wirksamer Modelle und Techniken, und doch betrachtet sie Psychologie als „die schnellste der langsamen Methoden", um voranzukommen. *Gnade* ist die schnellste! Die Psychologie der Vision ist auf dem Nährboden der humanistischen und transpersonalen Traditionen der Psychologie gewachsen, richtet sich jedoch darauf aus, die gegenwärtigen Grenzen von Psychologie zu überschreiten. Sie bringt die Psychologie aus dem „Elfenbeinturm" heraus, indem sie ein Konzept entwirft, wie Freunde Freunden helfen können – sowohl in ihrer eigenen Transformation als auch bei der Transformation der Welt. Sie kehrt zur ursprünglichen Bedeutung des Begriffs „Psychologie" zurück, der aus dem Griechischen stammt – *psyche logos* – und das „Studium des Bewusstseins bzw. der Seele" bezeichnet.

Die Psychologie der Vision sieht die Welt an einer Wegkreuzung, die eine ungeheure Chance zur Evolution bietet. Um diese Gelegenheit zu nutzen, müssen wir die Möglichkeit erkennen, auf kooperative Weise Fülle zu erlangen, jenseits des Konkurrenzdenkens, dem ein dynamisches Modell des Mangels, der Angst, der Verzögerung und der dysfunktionalen Familien zugrunde liegt. Wettbewerbsmentalität ist ein Teil der derzeitigen Sozialethik, die Sieg mit Erfolg verwechselt. Die Psychologie der Vision kann uns helfen, das, was zunächst nach einer fürchterlichen Notlage aussieht, in eine natürliche Fülle zu verwandeln. Sie betrachtet die gegenwärtige Weltkrise als den Katalysator, der notwendig ist, damit wir erkennen, dass wir zusammenarbeiten müssen.

Der gegenwärtige Weltzustand und die entscheidenden nächsten zehn Jahre

Wir sind an einem kritischen Wendepunkt der Geschichte angekommen, an einer bedeutsamen Weggabelung der menschlichen Evolution. Die nächsten zehn Jahre werden alles entscheidend sein. Wir bekommen die Chance, einen Bewusstseinssprung nach vorn zu machen anstatt der langwierigen Entwicklung des

Schritt-für-Schritt, die wir Jahrtausende hindurch gemacht haben. Die Veränderung kann sich mit einer solch erhöhten Geschwindigkeit vollziehen, dass der Vorgang einer Geburt vergleichbar sein könnte. Falls wir bereit und willens sind, falls wir im Geiste der Partnerschaft mitarbeiten und offen für Gnade sind, wird die Geburt leicht und freudvoll sein.

Die westliche Gesellschaft hat sich zu einem Zustand hin entwickelt, in dem eine große Stauung herrscht, eine Beharrung auf den Status quo und Widerstand gegen Veränderung. In der Psychologie der Vision nennen wir diese Phase der Evolution die „Dead Zone", die „tote Zone". Das ist eine Zone wie ein großer Elefantenfriedhof des Bewusstseins, wohin man geht, um zu sterben. Wenn wir dieses Stadium des Wachstums erreicht haben, ob als Individuum oder als Gesellschaft, dann haben wir den Erfolg erreicht, den wir äußerlich angestrebt haben, aber irgendwie hat er uns nicht erfüllt. Und wir spüren stattdessen ein wachsendes Gefühl, als ob wir in einem unbefriedigenden Leben feststecken.

Damit sind wir an einer Wegkreuzung angelangt. Wir können uns entscheiden, auf einem Weg weiterzugehen, der uns im Kreise gehen lässt, bis er schließlich zum Tode führt. Oder wir können einen Weg wählen, der zu Transformation und einer neuen Ethik der Partnerschaft und Zusammenarbeit führt – einen Weg, auf dem wir zu einer höheren Ebene von Erfolg und Nähe voranschreiten. Werden wir zusammen leben? Oder getrennt sterben, in Einsamkeit und Selbstangriffen verloren?

Man darf sich getrost wundern, warum irgendjemand zögern würde, die notwendigen Schritte zu unternehmen, um diesen neuen Zustand zu erreichen. Leider halten uns Unabhängigkeitswillen, unsere Angst vor Nähe, Erfolg und Verlust an Kontrolle sowie unser Gefühl der Unzulänglichkeit in den Geleisen der alten Muster gefangen. Lieber setzen wir uns mit jenem Teufel auseinander, den wir schon kennen, als mit dem, den wir noch nicht kennen.

Das ist offensichtlich das beste Katastrophenrezept trotz des scheinbaren äußeren Erfolgs: Burnout, Depression, tiefe Ermüdung und Versagensängste. Wir tun richtige Dinge, aber aus den falschen Gründen. Es herrscht eine Ausrichtung auf politische oder patriotische Korrektheit vor, die Form und fehlgeleitete Loyalität betont anstatt der Bereitschaft, sich einzulassen, statt Authentizität und Wahrhaftigkeit. Das führt zur Unfähigkeit zu empfangen oder Nähe, echten Erfolg oder Liebe zu genießen. Ein allgemeines Gefühl von Leblosigkeit, Erschöpfung und Unbehagen macht sich breit.

In der toten Zone (siehe auch Seite 92 u. 108) fehlen Herz und Integrität. Das spirituelle Leben wird auf äußerliche Religiosität und Moralvorschriften zurückgestutzt, die beide weder Inspiration noch Erleuchtung versprechen. Ein Tunnelblick, selbstgerechte Urteile und engstirniges Denken werden zur Regel. Unterschiedliche Elemente werden nicht beachtet oder vereinheitlicht, um den Status quo zu stützen, anstatt sie bewusst zu integrieren. Es fällt leichter, zu kritisieren oder ironisch-zynisch zu reagieren, als das Risiko einzugehen, großzügig, offenherzig, gütig und ein Freund des Lebens zu sein. Eine alles durchdringende Müdigkeit und ein allgegenwärtiger Überdruss bewirken, dass wir uns alt fühlen und vom Tod als Ausweg träumen.

Wir haben Angst davor, an der steilen Klippe der Kreativität zu leben. Wir fürchten uns davor, alles einzusetzen und zu wagen, was wir haben und wer wir sind, um unseren wahrhaftigsten, tiefsten und höchsten Selbstausdruck zu finden. Wir haben Angst vor der Größe und der Macht unserer Seelenaufgabe. Wir sind süchtig nach unseren Gewohnheiten und den Dingen, an denen wir hängen, und sind nicht bereit, sie loszulassen, um einen strahlenderen Weg zu finden.

Wir verstecken uns hinter Verschwörungen von Geringfügigkeit und Kleinmut und den Fallen von Problemen, weil wir vor unserer Begabung und der Fähigkeit zu geben Angst haben. Wir weigern uns, uns selbst und unser Schicksal und unseren Lebenssinn zu erkennen. Wir entscheiden uns, uns zu verstecken, anstatt uns auf dem Altar der Kreativität darzubringen.

Und doch kann sich all das ändern. Wir können uns entscheiden, uns zu öffnen, die innere Führung zu suchen, den Weg nach vorn für uns selbst und für andere zu finden. Die Bewegung nach vorn kann sich anfangs als eine Sehnsucht zeigen, einen besseren Weg zu finden, oder als eine Bereitschaft, den nächsten Schritt wirklich zu machen. Sie kann mit einer Selbstverpflichtung zu einem anderen Menschen oder auf ein Projekt beginnen oder als Wunsch nach Wahrheit. Der Schritt nach vorn führt uns aus der Schwierigkeit heraus zur Leichtigkeit und Freiheit, aus Konkurrenzverhalten zu Kooperation, aus isolierter Unabhängigkeit zu Interdependenz, zu gegenseitiger Verbindung.

Wir können in eine wahrhaftigere Haltung der Partnerschaft „springen", mit der wir „joining", also einfühlsame Verbundenheit, Freundschaft und Führungsqualitäten als unsere Wahrheit annehmen. Wir können auf die Hilferufe um uns herum antworten, unserer Inspiration folgen und unsere Gaben zum Nutzen aller Menschen einsetzen. Wir können unseren Lebenszweck und die Seelenaufgabe beanspruchen, indem wir uns auf die Wiedergeburt einlassen, die sich uns bietet. Wir können unsere Ängste vor dem Unbewussten mit all seiner Macht, der Tiefe von Gefühlen und furchterregenden Schatten überwinden – und uns stattdessen Fähigkeiten der Seelenebene zu eigen machen wie

Kreativität, Vision, Genie, schamanische Talente, Meisterschaft und Wunder.

Ein neues Zeitalter der Geburt und Partnerschaft

Das Zeitalter der Partnerschaft wird eine neue Ära der wechselseitigen Beziehungen, der Gemeinschaftlichkeit und der Fülle einleiten. Diese neue Zeit wird die Förderung von reinen Eigeninteressen zum Nachteil anderer, den Sieg um jeden Preis und die Verwechslung von Adrenalinschüben mit Glücklichsein zurückweisen. Ein Leben der Gegenseitigkeit zu führen bildet die Wurzel von Freundschaft und Führungsqualitäten. Nur auf der Basis der Ethik gemeinsamer Interessen können wir die Angst vor unseren Nachbarn aufgeben, um so eine gemeinsame Vision aufzubauen. Wir werden dann die gesamte Welt als unsere Familie und Gemeinde ansehen und uns als Geschwister und Freunde erleben.

Je mehr wir in unserer persönlichen Entwicklung fortschreiten, desto besser wird es allen gehen. Wenn ein Einziger einen Schritt nach vorn macht, hilft das jedem. Es hilft den Menschen in unserer unmittelbaren Umgebung, die wir lieben, und es wird auch allen Menschen in der Welt helfen, denen wir jemals begegnen werden. Die Heilung, die unser Bewusstsein wandelt und veredelt, wird auch das gesamte Bewusstseinsfeld der Menschheit segnen und ausgleichen.

Die Heilung, die wir in uns selbst vollziehen können, wird die Brüche in unseren Familien heilen. Wenn die Mitglieder unserer Familie erst einmal (wieder) miteinander verbunden sind, werden wir auf ganz natürliche Weise auch andere Menschen in das Beziehungsgeflecht einer dann größeren Familie aufnehmen. Wenn unsere Familien erfolgreich sind, werden sie ganz spontan positiv auf die Welt zugehen. Als Menschen mit Führungsqualitäten, als Visionäre, können wir der Menschheit als Hebammen dienen und ihr das größte Geschenk machen, das wir je geben können: unsere eigene einfache Geburt.

Die meisten Menschen fürchten sich vor Veränderung und fühlen sich dadurch bedroht. Selbst wenn es sich um eine segensreiche Veränderung handelt, neigen wir dazu, raschen Wandel eher als Gefahr und Tod denn als eine Gelegenheit zur Geburt zu deuten. Wir sind tatsächlich in einem Prozess begriffen, unser Bewusstsein so lange zu verändern, während wir uns entwickeln, bis wir an einen Punkt in unserer spirituellen Selbstverwirklichung kommen, an dem wir erkennen, dass unser Bewusstsein unwandelbar ist: dass es immer noch genau so ist wie zum Zeitpunkt, als es geschaffen wurde.

An diesem Punkt haben wir unser Sein erkannt, und das ist ein Ort der Meisterschaft. Und doch ist, um unser Leben zu verbessern, Veränderung notwendig. Wenn wir die Schönheit und Wirksamkeit der Heilung erkennen, die uns angeboten wird, dann können wir als liebevolle Freunde anderen bei deren Geburt behilflich sein.

Die Psychologie der Vision engagiert sich dafür, der Erde zu helfen, diese Geburt auf leichte Weise zu vollbringen. Obwohl viele Menschen für diese kritische Periode eine Zeit der Katastrophen vorausgesagt haben, betrachten wir diese Phase als eine Zeit der großartigen Gelegenheiten.

Die Wegkreuzung

Passt das nicht ganz genau zu dir, dass gerade du mit dabei bist, hier an diesem Wendepunkt, an diesem Geburtsort, zu dieser alles entscheidenden Zeit? Passt das nicht genau zu dir, dass du genau jetzt hierher gekommen bist, wenn gerade deine Hilfe so notwendig ist? Und stimmt es nicht gerade für dich, dass du derjenige bist, der den Schritt nach vorne macht, der auf den Ruf reagiert und den Beitrag leistet, den du allein geben kannst.

Es scheint so, dass viele Seelen nur aus diesem Grund in dieser wichtigen Phase auf die Erde gekommen sind, damit ihre Herzen wieder und wieder geboren werden und damit sie sich selbst dem Leben und dem Weg nach vorn hingeben. Sie sind gekommen, damit die Welt sich von ihrer dunklen Ausrichtung ab- und dem Licht zuwendet. Sie sind gekommen, um dafür zu sorgen, dass der Planet in einer Geschwisterlichkeit vereint wird, die auf Gegenseitigkeit, Zusammenarbeit, Partnerschaft und Gemeinschaftlichkeit beruht.

Wenn sich das ereignet, kann die Menschheit den Verlauf der Geschichte neu schreiben, indem sie die Gegenwart in glückliche Lebensgeschichten transformiert. In dem Maße, in dem wir die Gegenwart nachhaltig verändern, wird die Menschheit aus dem Albtraum der Trennung erwachen und sich von der Unmenschlichkeit einer wahren Menschlichkeit zuwenden. Von dort aus werden wir uns weiterentwickeln, um unsere Göttlichkeit als Kinder Gottes zu erkunden. Wir werden auf unserer evolutionären Heimreise vorwärtsdrängen, unsere wahre Natur entdecken und unsere ungezählten Fähigkeiten und unsere innere Kraft.

Falls wir diese Entscheidung nicht treffen, werden wir auf einen sich immer weiter zurückziehenden Horizont in der Hoffnung zuhumpeln, dass sich die notwendige Veränderung ohne unser Zutun ereignet. Immer noch wird es jede Menge Albträume geben, genauso wie eine stille Verzweiflung, die uns zu einer immer höheren Geschwindigkeit antreibt. Wenn wir mit dem „business as usual" weitermachen, also die bislang üblichen Verhaltensweisen einfach fortsetzen, und das einfach mit einer fieberhaften Einstellung, im Versuch, die Dunkelheit auszutrocknen, wird das schlicht nicht funktionieren. Wir würden wie Schlafwandler durch unser Leben gehen und niemals erkennen, welche herrlichen Abenteuer und welche sorglose Leichtigkeit des Herzens uns als Seelen in einer physischen Existenz und in irdischen Erfahrungen möglich sind.

Wir müssen Sinn und Aufgaben in unserem Leben finden, um die Qualität des Lebens anzuheben. Und dann müssen wir anderen helfen, das Gleiche zu tun. Schon die Bereitschaft, einfach unsere Bewertungen und Klagen aufzugeben, damit wir die Menschen um uns herum in Liebe und Freundschaft erreichen, würde einen großen Unterschied ausmachen. Das wiederum würde so viel unserer versteckten Selbstangriffe heilen.

Es ist an der Zeit, das Blatt der Geschichte zu wenden und uns auf denselben Weg zu begeben – Arm in Arm, in vertrauensvoller Freundschaft, in unseren Zielen und Aufgaben vereint und von der Gnade und dem Segen des Himmels erfüllt. Falls wir die Möglichkeit nicht erkennen, die sich uns jetzt an diesem Wendepunkt bietet, werden wir dazu verdammt sein, diese Chance zu verlieren.

3. Drei wichtige Aspekte der Psychologie der Vision

Die Psychologie der Vision enthält drei grundlegende Konzepte. Das erste behandelt Beziehungen, das zweite bezieht sich auf die Entwicklung von Führungsqualitäten, und das dritte betrifft Spiritualität. Dieses Kapitel ist zwar kurz, aber umso wichtiger, weil diese drei Aspekte das Fundament der Psychologie der Vision, ihres Menschenbildes und ihrer therapeutischen Ansätze ausmachen.

Beziehungen

Die Bedeutung und die Macht von Beziehungen zu verstehen ist der Schlüssel zur Heilung. Denn jedes einzelne und tatsächlich alle Probleme, die in unserer Außenwelt auftauchen, sind letztlich Beziehungsprobleme. Wenn wir unsere Beziehungen heilen, können wir damit alle anderen Aspekte unseres Leben heilen. Die Fähigkeit, sich mit anderen Menschen zu verbinden („joining"), bringt eine beschleunigte Persönlichkeitsentwicklung und Heilung hervor. Alle unsere äußeren Beziehungen spiegeln unsere Beziehung zu uns selbst, und diese Beziehung zu uns selbst spiegelt gleichzeitig unsere Beziehung zu Gott.

Vom höchsten Standpunkt aus betrachtet, sind Beziehungen alles und das Einzige, was sich ereignet. In der Tat gibt es sogar nur eine einzige Beziehung. Diese eine Beziehung erleben wir zunächst durch die Begegnung untereinander. Aber aufgrund der zwischenmenschlichen Beziehungen werden wir uns dessen bewusst, dass uns eine höhere Beziehung möglich ist. Wenn wir uns dieser höheren Beziehung bewusst werden, öffnet uns das dafür, dass wir die Gaben der Verbundenheit und der wechselseitigen Beziehungen mit dem ganzen Leben empfangen. Erst diese Beziehung zur Göttlichkeit und zur Gottheit wird uns auf dramatische und gesegnete Weise in unserer persönlichen Evolution vorantragen.

Führungsqualitäten

Führungsqualität bedeutet, auf jene Menschen eingehen zu können, die in Not sind: Sie ist die Bereitschaft zu helfen. Führungsbewusstsein „liest" die äußeren Anzeichen und hört auf die Inspiration im Inneren, um den Weg nach vorn zu finden. Der *Kurs in Wundern* sagt, dass wir die Bitten um Hilfe hören werden, sobald wir willens sind zu helfen. Wenn wir die Bereitschaft haben, anderen zu helfen, können wir jedes Problem durcharbeiten und lösen, indem wir auf die Hilferufe hören und uns auf sie einlassen.

Das ist so, weil der einzige Grund, warum wir mit einem Problem konfrontiert sind, darin liegt, dass uns das Problem davon abhalten soll, die Hilferufe zu hören. Wenn wir nicht bereit sind, uns durch das blockieren zu lassen, was auch immer uns zurückzuhalten versucht, was uns bedroht oder angreift (innerlich oder äußerlich), dann werden wir erkennen können, wer unsere Hilfe braucht, und wir werden darauf eingehen. Wir können über unser Problem hinausgehen, um uns auf den anderen Menschen einzulassen.

In diesem Akt des Sich-Einlassens, in diesem Engagement, werden wir beide befreit. Wir müssen gar nicht unbedingt wissen, wie man dem anderen helfen kann, und wir müssen noch nicht einmal wissen, was wir sagen sollten. Wir können einfach uns selbst geben, indem wir unsere Liebe und unsere geistige Unterstützung geben. Menschen können fast alle Schwierigkeiten überwinden und fast alles durchstehen, wenn es jemanden gibt, der sie bedingungslos liebt und unterstützt. Auf diese Weise helfen Führungsqualitäten uns selbst, während sie anderen helfen – jeder kommt voran. In einem höheren Sinn gibt es nur Einen von uns hier, und immer, wenn ein Einzelner sich entwickelt, gefördert wird und Nutzen erfährt, dient das uns allen. Wo wir auch hinblicken, sehen wir nur uns selbst. Wenn ein Mensch heil wird, werden wir alle heil.

Spiritualität

Der dritte Kernaspekt der Psychologie der Vision ist Spiritualität. Wir haben mit Tausenden von Menschen rund um den Globus gearbeitet, mit Menschen aus jeder nur denkbaren Religion oder Weltanschauung. Wir haben auch mit sehr vielen Menschen gearbeitet, die negativ auf Religion reagiert haben, weil sie sich von Religion, in der sie aufwuchsen, missbraucht fühlten. Ungeachtet all dieser Unterschiede im Glauben an, in der Erfahrung mit und in der Einstellung zu Religion und Weltanschauung, haben wir festgestellt, dass die Menschen in der ganzen Welt von Grund auf gleich sind. Wenn wir tief genug blicken, finden wir natürliche spirituelle Gefühle und spirituelle Sinnbestimmung, die jeder Mensch seinem Geist und Bewusstsein nach mit jedem anderen teilt.

Die Verbindung oder Beziehung, die im Bereich des menschlichen Bewusstseins zwischen allen menschlichen Wesen besteht, setzt sich fort in einer Beziehung zum Göttlichen. Du kannst diese Göttlichkeit so betrachten, als ob sie außerhalb von dir existiert, oder du kannst sie als etwas ansehen, das in dir ist, als jenen Teil von dir, der dein höheres Bewusstsein ist. Während wir in unserer Entwicklung fortschreiten und das Maß an Glück und Fülle in allen Lebensbereichen wächst, halten wir nicht mehr die konkreten Aspekte des Lebens für die Quelle unseres Glücks. Wir interessieren uns ganz natürlich mehr für den unfassbaren, den spirituellen Aspekt des Lebens. Bei unserer Suche nach Glück beginnen wir, „Spirit", etwas rein Geistiges also, als seine Quelle zu betrachten.

Wenn unsere Seelen auf der Lebensreise vorankommen, spüren wir eine gesteigerte Anziehung von einem Lebenssinn, der größer ist als nur unser eigenes Erdenleben. Es ist nur natürlich, dass sich in dem Maße, wie unsere Fähigkeit wächst, uns mit anderen zu verbinden, sich auch Liebe in all unseren Beziehungen aufbaut. Es entwickelt sich eine visionäre Verbindung mit der ganzen Menschheit. Wenn diese horizontale Verbindung sich genügend entfaltet hat, fängt auch eine vertikale Beziehung an, sich zu entwickeln. So, wie wir uns mit dem „Unten" verbinden, verbinden wir uns mit dem „Oben".

Der Friedenspark im japanischen Nagasaki ist auf einem Hügel über dem Epizentrum der Atombombenexplosion gebaut worden. Ein großes Monument eines Menschen ist dort aufgestellt. Einer seiner Arme weist waagerecht auf die Menschheit, sein anderer Arm streckt sich senkrecht nach oben in den Himmel. Das ist eine gute Metapher für die Voraussetzung, von der wir in der Psychologie der Vision ausgehen.
Jeder von uns könnte ein Kanal zwischen Himmel und Erde sein. Wir könnten der Gnade erlauben, durch uns anderen zuzufließen. Wir könnten das, was wir von der Liebe und Verbundenheit lernen, mit anderen teilen, um der gesamten Menschheit zu nutzen. Wir könnten wie ein „Supraleiter" für göttliche Inspiration sein.

Über die vielen verschiedenen Lebenswege hinaus, die Menschen sich aussuchen – Naturwissenschaft, Mathematik, Geschäftsleben, Dienstleistungen, Philosophie und so fort –, werden alle Wege, wenn man ihnen weit genug folgt, am Ende spirituelle Wege. Alle Wege führen zum Gipfel. Ähnliches gilt für alle religiösen Pfade: Wenn man ihnen weit genug folgt, führen sie alle zu denselben mystischen Erfahrungen und Einsichten. Oben am Gipfel sprechen Quantenphysiker, Mathematiker und Mystiker aus allen Religionen von derselben Erfahrung und benutzen dabei nur unterschiedliche Sprachen.

Die Psychologie der Vision kann uns auf unserem eigenen Weg voranbringen, gleich, welcher Weg das sein mag. Sie kann intime Nähe in unseren Beziehungen entfalten und uns zeigen, was wir tun können, um den Himmel auf die Erde zu bringen. Wenn wir nicht vom Leben dissoziiert sind, also abgespalten, wenn wir uns nicht von anderen absondern und abtrennen, sondern in unserem Herzen leben, kann sich unsere Wahrnehmung auf jene Liebe ausrichten, die uns in jedem Augenblick zuströmt. Aus dieser Haltung ist es natürlich, die Liebe, die Fürsorge und Unterstützung zu erleben, die uns durch die höhere Beziehung zufließt. Wenn sich unsere Aufmerksamkeit außerhalb unserer Mitte befindet, außerhalb des gegenwärtigen Zeitpunkts, ist es uns einfach nicht möglich, den tatsächlich vorhandenen Gnadenstrom zu erfahren.

Es ist notwendig, dass wir uns bewusst auf den Himmel ausrichten, um die höhere Liebe zu erkennen, die immer in jedem Augenblick der Gegenwart fließt. Es gibt kein menschliches Problem oder Bedürfnis, das nicht im Angesicht einer solchen Liebe verschwinden würde. Es gibt keine Not, die sich nicht im Bewusstsein auflösen würde, dass wir ganz wahrgenommen und geschätzt, behütet und umsorgt sind, dass wir niemals allein sind und sogar dass unsere innerste Natur Liebe ist.

4. Siebzehn Kernprinzipien

Bevor wir uns in den folgenden Kapiteln spezifischen Modellen der Psychologie der Vision zuwenden sowie auf Methoden und Techniken eingehen und dann das Dreiecksmodell ausführlicher darstellen, wollen wir das, was im 2. und 3. Kapitel ausgeführt wurde, nun in Form systematisch aufeinander aufbauender Prinzipien formulieren.

Diese Prinzipien haben sich als besonders hilfreich erwiesen, um eine tiefere Einsicht in den Heilungsprozess im Rahmen der Arbeit der Psychologie der Vision zu erhalten. Vielen Menschen, die gerade dabei sind, ihre Selbsttransformation auf systematische Weise zu verwirklichen, nutzt es, sich auf diese Kernprinzipien zu konzentrieren und sie im Alltag anzuwenden.

1. *Es muss einen besseren Weg geben:* Immer, wenn ein Problem oder ein Konflikt auftaucht, muss es einen besseren Weg geben. Selbst in den schwierigsten Situationen gibt es immer eine Lösung, die es allen Beteiligten erlaubt zu gewinnen. Liebe, Joining (menschliche Verbindung), Vergebung, Kommunikation, Kooperation und bewusste Entscheidungen werden uns dabei helfen.

2. *Die Welt ist unser Spiegel:* Alles, was wir anderen antun, haben wir uns zuerst selbst zugefügt. Niemand kann uns irgendetwas antun, es sei denn, dass wir das bereits uns selbst und anderen auf einer bestimmten Ebene zufügen. Wir schaffen

unsere eigene Wirklichkeit und schreiben unsere eigenen Lebensgeschichten. Konflikte mit anderen spiegeln Konflikte in uns selber. Indem wir unsere inneren Themen klären, werden wir automatisch die Probleme in unserer Welt lösen.

3. *Alles, was uns zustößt, dient unserer Lebensaufgabe:* Wenn leidvolle Dinge passieren, dann verstecken wir üblicherweise den Sinn und Zweck der Ereignisse vor uns selbst. Mit Hilfe der Bereitschaft, Verantwortung zu übernehmen, können wir die Schuldzuweisungen an andere und die eigenen Schuldgefühle freisetzen, die Probleme und zerstörende Muster aufrechterhalten. Wir setzen uns wieder in unsere eigene Kraft ein, indem wir erkennen, dass wir falsche Entscheidungen getroffen haben und dass wir uns jetzt anders entscheiden können. Das gibt uns die Fähigkeit, das zu ändern, was uns in unserer Welt nicht gefällt – falls wir willens sind, zugunsten unserer Eigenverantwortung jene Schuldzuweisungen und Schuldgefühle aufzugeben, die sich hinter jedem Problem verstecken.

4. *Die Kraft von Entscheidungen:* Unsere Lebensausrichtung ist das unmittelbare Ergebnis unserer laufenden Entscheidungen. Wenn wir unsere Glaubenssätze verändern, wandelt sich unsere Wahrnehmung und transformieren sich unsere Muster. Wir sind für das verantwortlich, was wir wahrnehmen und erfahren, aber wir können uns neu entscheiden.

5. *Wir sind immer genau am richtigen Platz, um die Lektion zu lernen, die am nötigsten ist, um zu heilen und zu wachsen:* Unser Leben entfaltet sich immer auf die bestmögliche und höchste Weise, um das zu erreichen, was wir brauchen, um zu heilen und zu lernen. Alle Ereignisse sind miteinander

verknüpft und es gibt weder Zufälle noch Unfälle. Wenn wir die Augen haben, um es zu sehen, und das Bewusstsein, um das zu erkennen, was wir sehen, dann werden wir feststellen, dass sich der Makrokosmos in den kleinsten Ereignissen und Einzelheiten widerspiegelt. Wir sind immer am vollkommen richtigen Ort, um die Lektion zu lernen, die jetzt am notwendigsten ist. Wenn unsere schmerzlichsten Erfahrungen erst einmal geheilt sind, bleibt uns das Mitgefühl, die Weisheit und die Kraft, andere zu heilen, die in ähnlichen Umständen gefangen sind.

6. *Beziehungen sind das Vehikel, um Transformation zu bewirken:* Je nachdem, was wir unseren Beziehungen geben, erzeugen wir Hölle oder Himmel auf Erden. Was und wie viel wir anderen geben, entspricht dem, was und wie viel sie uns geben. Sich mit anderen Menschen zu verbinden und Beziehungen zu heilen, stellt einen beschleunigten Weg des Wachstums dar. Wenn wir die Distanz zwischen uns und anderen heilen, trägt das nicht nur die Kraft in sich, unsere Probleme zu heilen, sondern es verfügt auch über die Kraft, die Probleme in unserer Umgebung zu heilen.

7. *Um wahren Erfolg zu haben, muss dem Interesse aller Beteiligten gedient werden:* Wenn wir erkennen, dass unsere echten Interessen und die echten Interessen der anderen immer dasselbe sind, werden wir uns vorwärtsbewegen. Falls irgendjemand als Verlierer oder Sündenbock dasteht, verlieren am Ende alle. Es ist wesentlich und unerlässlich, so lange miteinander zu kommunizieren und sich auszutauschen, bis jeder gewinnt. Ohne Gegenseitigkeit und Gleichwertigkeit gibt es keine Fülle, sondern nur den Konflikt, der sich aus der Konkurrenz ergibt.

8. *Führungseigenschaften lassen nichts wichtiger sein, als auf die Hilferufe in unserer Umwelt zu antworten:* Alle Probleme der Befangenheit, von Scham- und Schuldgefühlen sowie Eigenblockaden sollen uns davon abhalten, die Hilferufe aus unserer Umgebung zu hören. Auf solche Hilferufe einzugehen führt dazu, dass diese selbstzerstörerischen Persönlichkeitsaspekte „platzen" und wieder ein Energiefluss in Gang kommt, der allen dient. Probleme, oder doch zumindest eine Schicht von Problemen, könnten geheilt werden, indem man die Frage stellt „Wer braucht meine Hilfe?" und indem man auf den Hilferuf antwortet. Es hilft nicht nur uns selbst, wenn wir anderen helfen, sondern es öffnet uns auch dafür, zu empfangen, wenn wir einmal in Not sind.

9. *Jetzige Probleme sind Verkleidungen von früherem Leid:* Schmerzen und Leid zeigen an, dass ein Fehler passiert ist, da alles Leid aus Missverständnissen entsteht. Indem die Probleme gelöst werden, wird das Verständnis sowohl für die Vergangenheit als auch für die Gegenwart entwickelt, und sowohl unsere Vergangenheit als auch unsere Zukunft wandeln sich zum Besseren. Es ist nie zu spät, eine glückliche Kindheit zu haben!

10. *Der Schlüssel zur Erfüllung ist, unsere Seelenaufgabe zu leben:* Unser Sinn im Leben ist Glücklichsein, zu heilen (wenn wir nicht glücklich sind), der Welt zu helfen und den einzigartigen Beitrag zu leisten, den zu geben wir auf der Seelenebene versprochen haben. Unser Schicksal und unsere Bestimmung anzunehmen und zu verwirklichen ist das beste Geschenk, das wir der Welt machen können.

11. *Leid und Schmerz wird von Liebe fortgewaschen:* Das geschieht durch einfühlsame Verbindung, durch empathisches Joining zwischen zwei oder mehr Menschen. Indem wir persönliche Barrieren und Grenzen durchschreiten, können wir mit anderen eins werden und jene höheren Bewusstseinszustände erleben, in denen Leid und Schmerz nicht mehr existieren können.

12. *Beziehungen sind die Fundamente und Eckpfeiler des Lebens:* Damit trifft es auch zu, dass der Weg der Beziehung und Entwicklung von Beziehungsfähigkeit und Nähe, der ein Weg der Liebe und Verbundenheit ist, den schnellsten evolutionären Weg darstellt. Jedes Problem ist auf einer bestimmten Kernebene ein Beziehungsproblem, wo Getrenntheit und Bewertungen die Ursache sind. Deshalb gibt es kein Problem, das nicht durch Liebe und eine neue Ebene der Verbindung und Vergebung in Beziehungen geheilt werden könnte.

13. *Wir befinden uns auf einem evolutionären Weg zu erkennen, dass wir Bewusstsein bzw. Geist oder „Spirit" sind auf dem Weg zur Einheit:* Offen für Gnade zu sein und sie anzunehmen sowie Wunder zu erhalten – das ist der einfachste Weg, dieses Ziel zu erreichen. Der Himmel schenkt uns seine Segnungen und seine Hilfe bei jedem Schritt auf dem Weg, wenn wir nur bereit wären, sie zu empfangen.

14. *Heilen kann uns alles geben:* Was auch unsere Lebensumstände oder Probleme sein mögen, wie auch immer wir die Dinge betrachten – die Antwort beruht immer in Heilung und Vergebung. Um der Heilung und Vergebung willen sind wir hierher gekommen, und sie werden uns Glücklichsein vermitteln und uns heimführen.

15. *Unsere Begabungen, Talente und Fähigkeiten sind die Antwort auf unsere Probleme:* Jedes Problem verbirgt eine Gabe. Eine der einfachsten Methoden, um ein Problem zu transformieren, gleich wie groß es ist, besteht darin, das Geschenk bzw. die Begabung zu erkennen, die vom Problem versteckt wird. Jede Gabe bzw. Fähigkeit, die wir annehmen oder mit anderen teilen, baut das Ego ab und bewirkt eine Öffnung für Gnade.

16. *Unser Bewusstsein besitzt die Macht, die Welt zu ändern:* Jedes Mal, wenn wir Beschwerden, Anklagen und aggressive Gedanken aufgeben, verändert sich unsere Welt und ihre Probleme transformieren sich. In unserem Geist liegt die Antwort auf jedes Problem. Obwohl wir viel von unserem Bewusstsein und seinen Gaben verloren haben, können sie doch wiedergefunden werden – um uns zunächst zu Ganzheitlichkeit und dann zu Heiligung zu führen. Unser Geist ist eine Verlängerung des göttlichen Geistes und befindet sich immer noch im Bewusstsein Gottes.

17. *Jeder von uns hat zwei Formen von Bewusstsein:* Wir haben unseren höheren Geist, der mit dem Himmel verbunden ist, mit Spirit und mit Gott, und wir haben unser Ego. Das Ego ist das Prinzip, sich als etwas Besonderes zu fühlen, das Prinzip von Angst, Schuld, Bewertungen, Konkurrenzdenken und -verhalten, Aufopferung bzw. andere zu Opfern zu machen und des Autoritätskonflikts. Jedes Problem ist ein Teil der Absicht und der Drehbücher des Egos, sich zu erhalten und zu stärken.

5. Wichtige Schlüsselmodelle

Die Philosophie von Therapiemodellen

Ein Therapiemodell baut auf bestimmten Prinzipien auf, welche die Funktionen des Bewusstseins erklären und verständlich machen. Ein Modell bedient sich der Vernunft und Logik, um Strategien, Methoden und Techniken zu entwickeln, die bei ihrer Anwendung eine leidvolle Erfahrung in eine Erfahrung der Heilung verwandeln können. Es transformiert das, was uns in eine Falle gelockt und gefangen genommen hat, und bietet uns Erlösung davon und Befreiung an. Wo bisher Unsicherheit und Niederlage existiert haben, macht das Modell ein Verstehen möglich, das wiederum zu Heilung, Freiheit, Vertrauen, Nähe und Erfolg führt.

In diesem Kapitel möchten wir eine Reihe von Therapiemodellen präsentieren, die sowohl helfen, unser Bewusstsein zu verstehen, als auch unser Erleben zu verändern. Diese Modelle bieten uns die Mittel, um uns aus den Fallen zu befreien, in denen wir uns verfangen haben. Sie sind praktisch und in manchen Fällen zugleich sehr tiefgreifend. Sie entstammen dem „Werkzeugkasten" der Psychologie der Vision, und man kann sie nutzen, um sich selbst und unsere Welt zu transformieren. Wir haben dieses Modell mit Tausenden von Menschen aus unterschiedlichen Kulturen angewandt als Grundlage dafür, ihre leidvollen Lebensumstände zu verwandeln.

Jedes Therapiemodell, das wir verwenden, beruht auf gewissen Annahmen. Diese Annahmen sind Teil unserer Philosophien. Es handelt sich dabei um Überzeugungen und Glaubenssätze, die unserer Wahrnehmung, Erfahrung, Funktionsweise und unseren Zielen zugrunde liegen. Diese Philosophien, die unsere Werte enthalten, bestimmen, was uns im Leben wichtig ist und wonach wir in unserem Leben suchen. Wir streben ganz selbstverständlich nach Dingen, nach Erfahrungen oder Erkenntnissen, um das zu kompensieren, wo wir uns als unvollständig empfinden. Auf dieser Seite der Erkenntnis und Verwirklichung von Einheit sind wir alle Suchende.

Da die Psychologie der Vision selbst Teil eines sich immer noch weiter entfaltenden evolutionären Prozesses ist, kann es künftig andere neue Modelle geben bzw. die bestehenden werden in ihrer Anwendung unter Umständen verändert und angepasst. Einige Modelle werden wir ausführlicher darstellen, manche werden nur kurz beschrieben.

Fraktur-Modell (*Fracturing Model*)

Dieses erste Modell ist eine Metapher dafür, „wie alles begann und wohin alles geht", das sich im Verlauf der tiefenpsychologischen Arbeit mit Menschen rund um die Welt gezeigt hat. Es ist ein spirituelles Modell unserer Welt, in dem wir geistige Wesen sind, die im großen bzw. göttlichen Sein ruhen. Wenn dieses Modell nicht in deine Weltanschauung passt, dann überlies es einfach und schaue dir die anderen Therapiemodelle an. Jedes wird dir ein praktisches Verständnis deines Bewusstseins vermitteln und dir psychologische Werkzeuge anbieten, die es dir möglich machen, dein Leben zu verändern.

Stellen wir uns einmal das Universum im Zustand der Einheit vor. Es gab nur Licht, Liebe und Formlosigkeit, als wir im Geiste

Gottes wohnten. Dann kam es zum „big bang", zum Urknall, zum fürchterlichen Missverständnis, zur großen Abtrennung, zum Fall in die Illusion oder Relativität, zur „Ursünde" – man mag es nennen, wie man möchte –, und wir fingen an, Getrenntheit zu erleben.

Mit der Einleitung der Trennung verloren wir unsere Erfahrung der Einheit und fingen an, uns zu fürchten und zu bewerten. In die Formlosigkeit brach Form ein. In das Licht kam Dunkelheit. In die Ganzheitlichkeit kamen Brüche. In die Wirklichkeit kamen Träume. In das Paradies kam die Schlange. Das Bewusstsein, das wir als Eines und ein Ganzes erlebt hatten, wurde aufgespalten.

Was einmal ein einziges Sein war, wurde zu einzelnen Wesen, die sich vom einen Sein getrennt fühlten. Angst, Schuld und Schmerz hielten die Frakturen, die Brüche, davon ab, sich wieder zusammenzufügen, wieder zu heilen. Mit jedem Urteil, mit jeder Bewertung, mit jedem aggressiven Gedanken ergaben sich neue Brüche. Unser Geist, der relativ ganz war, begann sich darum zu bemühen, die Gefühle von Angst, Versagen, Wertlosigkeit, Sinnlosigkeit, Einsamkeit und Schuld zuzudecken, die sich aus den Trennungsbrüchen entwickelt hatten.

Wir träumten, dass wir uns vom Geist regressiv zurückentwickelt hätten – aus dem einen Spirit aus reiner Energie, Licht und Formlosigkeit hin zu Seelen mit einem Bewusstsein voller Symbole, Mythen, Archetypen, Schatten und Lebensgeschichten.

Im Bedürfnis, uns von der Schuld und den Vorurteilen sowie von den innerlich dadurch ausgelösten schlechten Gefühlen zu trennen, unterdrückten oder verdrängten wir, projizierten wir sie nach außen und schufen aus der Formlosigkeit eine Traumwelt voller Formen. Dieser Traum, diese Welt, war unser Versuch, ein eigenes Paradies zu schaffen, das unabhängig von der Ganzheit existierte. *Der Kurs in Wundern* weist darauf hin, dass die Bibel in der Genesis erwähnt, Adam sei in einen tiefen Schlaf gefallen, aber sie teilt nirgendwo mit, dass er daraus wieder erwachte. Getrenntheit wurde unsere Lebensweise; Angst führte zu aggressiven Gedanken und mehr Angst, und Schuld ließ Urteile und Bewertungen entstehen.

De-Evolution, das Gegenteil von Evolution, hat sich Millionen von Jahren hindurch ereignet.

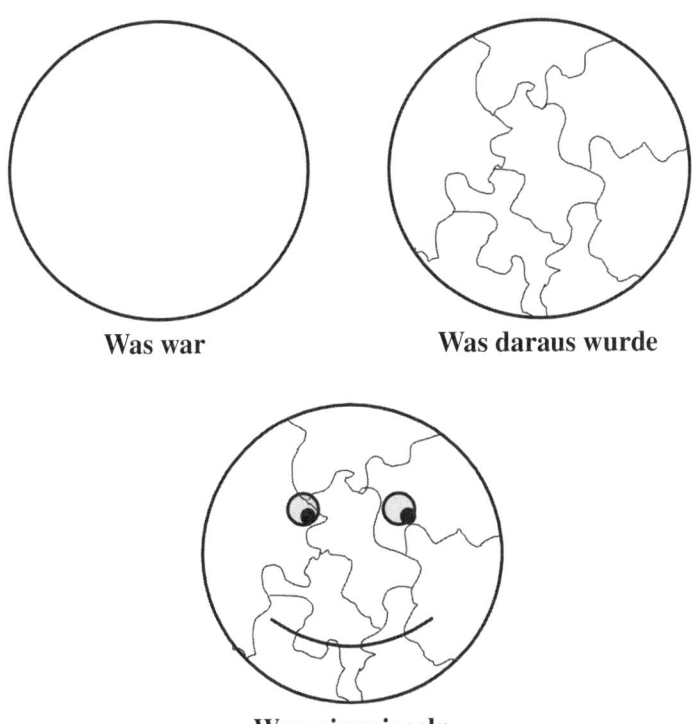

Was war   **Was daraus wurde**

Was wir spiegeln

Evolution

Schließlich haben wir nach vielen Millionen Jahren, in denen wir in die falsche Richtung gingen, eine Kehrtwende vollzogen und angefangen, wieder zurück zum Licht, zurück zur Einheit und Ganzheit zu gehen. Die spirituelle Evolution begann. Brüche fingen an zu heilen und sich aufzulösen. Wir begannen, einen gemeinsamen Sinn zu erfahren. Daraus wurde eine heilende, transformierende Reise zurück zur Ganzheitlichkeit, zu größerem Vertrauen, Erfolg, Fülle, Gesundheit und Liebe. Wir schritten auf dem Weg voran, aus der Erde einen Himmel zu machen.

Schriften, wie sie uns *Ein Kurs in Wundern* vermitteln, sagen, dass es Millionen und Abermillionen von Jahren dauerte, bis wir uns zum derzeitigen Zustand entwickelten, und dass es genauso lange wieder brauchen könnte, zur Einheit zurückzukehren. Und doch lassen wir mit jedem Wunder, das wir in unserem Leben geschehen lassen, mit jedem Sprung in der Evolution nach vorn die Zeit kollabieren, in sich zusammenfallen und gelangen umso viel schneller und näher an die Wiedervereinigung des Selbst.

Und dennoch existiert in jedem Bewusstsein eine enorme Gebrochenheit. Zusätzlich zu den geschichtlichen Frakturen der gesamten menschlichen Rasse, die in unserem Geist auf Heilung warten, gibt es persönliche Brüche, die seit der Empfängnis in unserem Leben passiert sind. An der Oberfläche unseres Bewusstseins, wie auch im Unterbewussten und im Unbewussten, gibt es Tausende von Frakturen. Je tiefer wir jedoch gehen, desto mehr stellen wir eine zunehmende Kohäsion und Integration fest, wo Frieden, Liebe und Freude herrschen. In dem Maße, wie die Trennungen oder Brüche geheilt werden, wachsen wir und verwandeln uns im Vertrauen, in Liebe und in der Fähigkeit zu empfangen.

Mit jeder Heilung – sei es durch Verstehen, Akzeptanz, Vergebung, Loslassen von Verhaftungen, Geben, Empfangen, Vertrauen, Kommunikation, Integration, Wahrheit, Engagement oder Liebe – werden entsprechende Trennungslinien ausradiert, und es kommt zum Erleben einer neuen Ebene von Erfolg und intimer Nähe. Durch Gnade oder Wunder, die einen Bruch ausradieren, kann man die Heimreise um Tausende von Jahren verkürzen.

Gegenwärtige Frakturen, die aus der Vergangenheit stammen

Die Schwerkraft zieht Dinge nach unten auf die Oberfläche der Erde. Die Erdkraft drückt auch Dinge, die in der Erde vergraben sind, nach oben an die Oberfläche. Jedes Jahr, wenn der Landwirt ein Feld pflügt, stellt er fest, dass neue Steine nach oben gekommen sind. Das ist die Wirkung der Schwerkraft. Auf die gleiche Weise gelingt es Frakturen, Konflikten und alten Traumata, an die Oberfläche unseres Bewusstseins zu gelangen. Die gebrochene Vergangenheit kommt immer nach oben, in der Verkleidung der Gegenwart, und bettelt darum, geheilt zu werden. In jedem Problem oder Konflikt steckt ein Bruch. In jedem Bruch gibt es Leid, Schuld und Angst. Wenn Brüche geheilt werden, wird damit der Boden bereitet, um pflügen und pflanzen zu können. Das Leben ist dann frei, sich auf leichte Weise unbehindert entfalten zu können.

„Transferenz" ist der psychiatrische Fachbegriff für Frakturen, die aus der Vergangenheit in der Verkleidung als gegenwärtige Situation in unser Bewusstsein kommen. Wenn wir das verstehen, können wir jedes Problem, das wir mit irgendeinem anderen Menschen derzeit haben, als ein aus der Vergangenheit „transferiertes" bzw. übermitteltes Problem mit jemandem oder mit etwas erkennen. Jedes einzelne Problem, das wir jetzt erleben, ist die noch nicht geheilte Vergangenheit, die auftaucht, um geheilt zu werden. Alles, was nicht Liebe oder Erfolg ist, ist „Transferenz", also ein noch nicht geheilter Aspekt der Vergangenheit, der sich in unserer Gegenwart bemerkbar macht. Alles Leid, alle Schuld und Angst haben ihre Wurzeln in der Vergangenheit.

Probleme und Konflikte verstehen
Alle gebrochenen Teile unseres Bewusstseins besitzen ihre eigene Logik und ihre eigenen Gedankenprozesse. Sie verlangen nach unterschiedlichen Dingen und sind Ausdruck unterschiedlicher Persönlichkeitsaspekte[2]. Sie haben unterschiedliche Ziele, weil sie meinen, dass unterschiedliche Dinge uns glücklich machen. Manche dieser Teile sind emotional blockiert oder wie gelähmt durch den Schmerz, welchen der Bruch verursacht hat. Wir tragen vielleicht zum Beispiel einen dreijährigen Teil in uns, der „denkt", dass der beste Weg, um sich von Schmerz zu befreien, darin besteht zu sterben. Obwohl dieser Teil selbstzerstörerisch ist, meint er, dass seine Strategie uns irgendwie schon glücklich machen wird.

Es gibt nicht ein inneres Kind, sondern viele, und sie sind alle emotional gehemmt. Sie sind verletzt, unbewusst oder sogar leblos, aufgrund von Traumata. Wo ein Selbst(-anteil) gestorben ist, ist das Bewusstsein rasch und produktiv dabei, ein neues Selbst zu installieren, *aber dieser Teil des Bewusstseins verkehrt sich ins sinnlose Gegenteil, und das, was begraben wurde, wird noch selbstzerstörender.*

Es ist, als ob wir bei der ersten Bahn der Kegelbahn des Lebens begonnen hätten mit dem Versuch, alle neun mit einem Wurf zu schieben. Jetzt aber, als Folge des Absterbens eines Selbstanteils, befinden wir uns an der zweiten Bahn und versuchen immer noch, alle Neune auf der ersten Bahn zu schaffen.

---

2 In der Vorlage wörtlich „personalities", was sowohl als „Persönlichkeiten" wie als „Aspekte der Persönlichkeit" verstanden werden kann; siehe auch Glossar; Anm. d. Ü.

Manchmal kommt es zu gleichzeitigen „Mehrfachtoden" etlicher Selbstanteile, weil die Verletzung so ernsthaft ist. Wir haben vielleicht bei der ersten Bahn angefangen, sind inzwischen bei der zweiundsiebzigsten angekommen und versuchen immer noch, alle Neune auf der ersten Bahn umzuwerfen. Kein Wunder, dass manche von uns in der Gosse landen. Es ist ein Wunder, dass es nicht noch mehr von uns sind.

***Chuck berichtet:** Ich habe einmal mit einer älteren Krankenschwester in England gearbeitet, die erfahrene Schwester war, Körperarbeit (Physiotherapie, Massage) leistete und Heilerin war. Sie hatte eine Reihe von „blackouts" erlebt und dabei etliche Tage in ihrem Leben „verloren". Als sie wieder zu Bewusstsein kam, hatte sie keine Ahnung, was während der verpassten Zeit passiert war. Das geschieht, wenn ein Mensch so schwerwiegend traumatisiert wird, dass das „Haupt-Selbst", das üblicherweise unser Bewusstsein regiert, „stirbt". Neue Selbstanteile werden erzeugt, die mit der Situation fertig werden. Die Brüche sind so tief, dass der Mensch noch nicht einmal bemerkt, dass die anderen „Selbste" bzw. Selbstanteile übernehmen und ihr Leben eine Zeit lang steuern.*

Als ein Kind war diese Frau von ihren Eltern viele Male festgebunden und gequält worden – immer dann, wenn sie irgendetwas „Schlechtes" getan hatte. Ihr Onkel, der unter Schizophrenie litt, hatte sie wiederholt vergewaltigt. Ihr Leben war so schlimm verlaufen, dass sie sich sogar einmal von einer Klippe in einen See stürzte, um sich zu ertränken, aber jemand rettete sie. Schließlich entschied sie sich, dass der einzige Ausweg darin bestand, ihre Eltern zu ermorden. Sie schlich sich mitten in der Nacht mit einem Messer in ihr Schlafzimmer mit der Absicht, sie zu töten. Ihr Vater wachte jedoch auf und erwischte sie. Wieder wurde sie festgebunden und tagelang gequält.

In einer Therapiesitzung setzte ich mich mit dem „Komitee" von „Selbsten" bzw. Selbstanteilen in Verbindung, das ihr Bewusstsein beherrschte. Mir gelang es, „ihnen" bei der Bewältigung ihrer Hauptprobleme zu helfen – siebenundzwanzig dieser Selbstanteile waren auf Selbsttötung programmiert. Diese Selbste mussten ständig von den anderen Selbstanteilen beobachtet und bewacht werden (was viel Energie erforderte). Es gab auch einen „Friedhof", in der eine Myriade von abgestorbenen Selbstanteilen begraben war. Ich zeigte dem „Komitee", wie es sich jenen Selbstanteilen zuwenden konnte, die abgestorben waren, und wie es sie wieder zum Leben erwecken konnte. Während wir diesen verloren gegangenen kleinen Mädchen und Babies unsere Liebe zufließen ließen, fingen sie schon bald an, zu wachsen und sich zu entwickeln.

Als sie das gegenwärtige Alter der Frau erreichten, „zerschmolzen" sie auf ganz natürliche Weise bzw. wurden von ihr und in sie integriert. Ich demonstrierte dem „Komitee" den Nutzen der Integration lebloser, verlorener Selbstanteile und zeigte ihm durch seine eigene Intuition, wie viel besser das Leben im folgenden Jahr werden könnte, wenn noch mehr Selbstanteile integriert würden. Und ich zeigt ihm, dass Gemütsstörungen bis hin zum Wahnsinn oder Tod die Folge wären, wenn keine weitere Integration stattfinden würde.

Mit Hilfe dieser Methode war es mir möglich, dabei zu helfen, die auf Selbsttötung ausgerichteten Persönlichkeitsanteile zu integrieren. Wenn etwas Negatives integriert wird, wird die Negativität einfach als Energie absorbiert, und das, was negativ war, wird zu so etwas wie einer Schutzimpfung gegen weitere Negativität. Manchmal öffnet die Integration eines Bruches eine tiefer liegende Fraktur oder Negativität, die gleichfalls integriert werden kann.

Diese Frau konnte schließlich 129 abgespaltene Persönlich-

keitsanteile integrieren. Aufgrund des offensichtlichen Erfolgs der Integration der abgestorbenen und selbstmörderischen Selbstanteile entschied sich das „Komitee", sich selbst wieder zu integrieren, was der Frau einen spürbar größeren Selbsthalt und ein integrierteres Selbstbewusstsein gab, wozu tieferes Vertrauen, Frieden, Erfolgsbewusstsein und Selbstwert sowie ein umfassenderes Gefühl der Ganzheit gehörten.

Angst entsteht aus den Konflikten eines gespaltenen Bewusstseins. Es rührt aus der Ansicht her, dass ein „Teil" unseres Geistes verlieren oder nicht zufrieden gestellt wird, wenn ein anderer „Teil" gewinnt. In einem Konflikt kämpft jede Seite darum zu verhindern, dass die andere Seite die Oberhand gewinnt. Jeder befürchtet, dass, wenn die andere Seite siegt, die Bedürfnisse der eigenen Seite nicht erfüllt werden.

Probleme in unserer Außenwelt entstammen unseren inneren Konflikten

Ein Problem in unserer Welt ist das Resultat eines Konfliktes in uns selbst. Solche Konflikte repräsentieren geistige Frakturen bzw. Brüche unseres Bewusstseins. Ein Teil von uns möchte etwas, aber ein anderer Teil schaut sich nach etwas anderem um, was uns glücklich machen soll. Zwischen diesen beiden widerstreitenden Seiten der geistigen Zerbrochenheit liegen Angst, Schuldgefühle, Leid und so fort, die zum Zeitpunkt der Bewusstseinsspaltung entstanden sind. Ein Konflikt in uns erzeugt die Angst, dass die Bedürfnisse eines Teils unseres Geistes nicht erfüllt werden. Wenn dieser Schmerz groß genug ist, kann er uns lähmen und daran hindern, im Leben voranzugehen. Die größten Hindernisse, die uns scheinbar zurückhalten, sind solche, die durch diese Angst hervorgebracht werden.

Meistens sind Konflikte so schmerzlich, dass wir eine Seite des

Konflikts im Versuch begraben, zumindest einen Pseudofrieden zu bekommen. Dann projizieren wir die eher versteckte Seite des Konflikts auf jemanden oder auf etwas in unserem Leben, und diese Person oder diese Angelegenheit scheint uns dann zu behindern. Wenn wir jedoch den Konflikt innerlich einmal geheilt haben, dann wird der Konflikt in der Außenwelt verschwinden.

Strategien –
die verborgene Seite von Problemen und Mustern

Ein Problem ist etwas, mit dem wir *scheinbar* gegen unseren Willen konfrontiert werden. Und doch kommt es auf uns zu aufgrund unserer bisherigen Entscheidungen. Auf der einen Seite unseres Geistes, jener Seite, die uns bewusst ist, fühlen wir uns verletzt, verwundet, unschuldig und betrübt, dass wir vom Leben oder von anderen belastet werden. Und doch gibt es eine verstecktere Seite in uns, die etwas gänzlich anderes will. Die Strategien, die wir entwickeln, um diese versteckten Ziele zu erreichen, erzeugen Konflikte in unserem Bewusstsein, die wir wiederum üblicherweise verdrängen. Leider werden solche Strategien niemals unser höchstes Ziel, glücklich zu sein, erreichen.

Diese Strategien beinhalten missverstandene, negative, rachsüchtige und rebellische Aspekte unserer selbst – wie Schatten, dunkle Selbstbilder, Todesgeschichten, Verschwörungen und Idole. Die Strategien stellen Versuche dar, etwas zu erlangen, was uns glücklich macht. Sie sind Versuche, etwas festzuhalten, ein Bedürfnis zu erfüllen oder als jemand Besonderes zu gelten. Es sind Versuche, uns vor unserer Angst zu beschützen. Wir machen diesbezüglich leider schwerwiegende Fehler, denn selbst im besten Fall funktionieren diese Strategien sehr selten, oder, wie die meisten Verteidigungsmechanismen, führen sie gerade genau zu dem, was sie zu verhindern versuchen.

Diese Strategien sind Versuche, uns eine Entschuldigung zu verschaffen. „Wie könnte irgend jemand jetzt etwas von mir erwarten, wo doch diese oder jene schlimme Sache passiert ist?" Sie sind ein Versuch, Schuld abzuzahlen, Vergeltung zu üben oder etwas zu beweisen (etwas, was wir selber gar nicht ganz glauben, warum würden wir es denn sonst zu beweisen versuchen?). Sie sind ein Trick, um die Genehmigung zu bekommen, etwas tun zu dürfen oder etwas nicht tun zu müssen. Sie sind ein Versuch zu beweisen, dass wir Recht haben, und wie Unrecht ein anderer hat. Unser Bedürfnis, Recht zu haben, verbirgt unsere Schuld und spiegelt einen Machtkampf, den Versuch, einen anderen zu besiegen.

Wenn wir die versteckten Teile unseres Geistes ins Bewusstsein bringen können, dann können wir sie integrieren. Wenn wir unsere verborgenen Strategien herausfinden, können wir erleuchtetere Entscheidungen treffen. Unser höheres Bewusstsein versucht immer, uns zu dem zu führen, was wahr und für uns am besten ist, und zwar auf eine solche Weise, dass keiner zu Schaden kommt, noch nicht einmal wir selbst. Unser Ego will andererseits seine Ziele anstreben und sich selber weiter aufbauen, sogar zu unseren Lasten.

* * *

Das Ego kontra höheres Bewusstsein
(The Ego versus the Higher Mind)

Ein einfaches Modell, das die Konzepte der Evolution und der De-Evolution (bzw. der Regression) zu erklären hilft, ist das Modell zweier Hauptaspekte des Geistes. Der erste ist das höhere Bewusstsein, welches den Teil unserer selbst ausmacht, der mit „Spirit" verbunden ist. Dieser Teil von uns kennt alle Antworten und bietet uns immer die Inspiration an in Bezug auf das, was uns wirklich vorwärtsbringen würde, um uns und anderen zu helfen.

Der andere Aspekt unseres Bewusstseins ist das Ego, das Ich[3], das Prinzip der aktiven Trennung und Abspaltung. Die Existenz des Egos basiert auf Getrenntheit, auf Vergleichen (die uns leiden lassen), auf Konkurrenzdenken und -verhalten (einem Versuch, mehr zu haben als ein anderer), und darauf, jemand Besonderes zu sein, selbst wenn diese Herausgehobenheit sich nur auf Bereiche von Schmerz und Versagen erstreckt. Das Ego schwingt Angst und Schuld als Waffen und gebraucht deren dunkle Kinder, Bewertungen und Aggression, um sich selbst zu stärken.

Um auf der Erde und in der Zeit existieren zu können, brauchen wir alle ein Ego. In den meisten Fällen haben wir, wenn wir einmal die frühen Zwanziger erreicht haben, ein ziemlich starkes Ego entwickelt. Nun besteht unsere Aufgabe darin, aus der Unabhängigkeit herauszukommen und weiter voranzugehen (aus der Vergangenheit, die verletzt, dissoziiert, verborgen und kompensiert wurde), hinein in Partnerschaft, Interdependenz bzw. wechselseitige Beziehungen und in die erfolgreicheren, liebevolleren und spirituelleren Aspekte unseres Geistes.

Um das tun zu können, müssen wir daran arbeiten, die Trennung zwischen uns und anderen sowie zwischen uns und der Welt zu beseitigen. Unser Ego, das auf Angst, Schuld, Besonderheit, Konkurrenz und so fort aufbaut, wird dann nicht länger benötigt. Von dann an können wir Vertrauen, Kreativität und das höhere Bewusstsein nutzen, um all das zu manifestieren, was in unserem Leben notwendig ist.

---

3   das in der deutschen Philosophie manchmal auch das „kleine Ich" genannt wird; Anm.d.Ü

Bis dahin arbeitet unser Ich schwer daran, uns abzulenken, hinzuhalten oder zu blockieren, um seine eigene Existenz fortzusetzen oder zu stärken. Es versucht zu demonstrieren, wie nützlich es ist. Es wird uns zum Beispiel helfen, unsere Angst zu vermindern oder zu kontrollieren, wir werden sie allerdings nie loswerden, weil unser Ego ja aus Angst gemacht ist. Jede Lösung, die das Ego uns anbietet, um ein Problem zu bewältigen, erzeugt ein weiteres oder größeres Problem. Bald haben wir eine ganze Reihe von Problemen, die überwunden werden müssen.

Unser Ich versucht, alle Vorwärtsbewegung zu verzögern, denn je mehr Evolution geschieht, desto stärker schmilzt das Ego ab. Je mehr Macht unser Ich hat, desto mehr Stress erleiden wir und mit desto mehr Grausamkeit verhalten wir uns gegenüber anderen. Je stärker das Ego wird, desto mehr werden wir in falschen Zielen eingeschlossen, von denen wir glauben, dass sie uns glücklich machen. Wehe jenen, die uns im Streben nach diesen Zielen in die Quere kommen, denn sie werden unseren ganzen Zorn zu spüren bekommen! Je weniger Ego wir haben, desto weniger Stress erleben wir, und desto mehr Frieden, Liebe, Güte und Fähigkeiten entwickeln wir, uns mit anderen gleichwertig auszutauschen. Indem wir uns selbst heilen, lösen sich unsere Bindungen auf, und dasselbe geschieht mit dem Ego.

Wir könnten uns zu einem Punkt hin entwickeln, dass unser ganzes Leben vom höheren Bewusstsein geführt wird. Das wäre ein völlig leidfreies Leben. Unser Leben könnte sich zu einem Zustand entwickeln, in dem wir reiner Kanal für die Liebe Gottes auf der Erde würden. Wir könnten transparent, durchscheinend werden, zunächst wie ein durchsichtiges Fenster und dann wie eine offene Türe zum Himmel. Auf dem Weg nimmt unser Ich-Selbst ab und unser himmelsgleiches oder wesenhaftes Selbst nimmt zu. Das ist die Evolution des Ichs zum wahren Selbst oder höheren Selbst.

An einem bestimmten Punkt in dieser Entwicklung verwirklichen wir das Prinzip der Gemeinsamkeit und beginnen, für allgemeine Ziele zu wirken, bei denen jeder gewinnt. Wir werden zu Führungsmenschen, zu wahren Freunden für unsere Umwelt und schließlich zu Freunden der Erde.

* * *

Ein Bewusstseinsmodell (A Mind Model)
Traditionell hat die Psychologie den menschlichen Geist in Ebenen gegliedert, entsprechend der Schwierigkeit, Zugang zum dort gespeicherten Material zu bekommen und zum Mangel an Vertrauen, sich mit diesem Material zu beschäftigen. Obwohl wir in Wahrheit nur das Ego- oder Ichbewusstsein und das höhere Bewusstsein haben, werden wir in diesem Modell die üblichen psychologischen Begriffe verwenden, um die verschiedenen Aspekte des Bewusstseins zu erklären.

Der *bewusste Geist*[4] ist tatsächlich der kleinste Teil unseres Bewusstseins, aber derjenige, mit dem wir am besten vertraut sind. Es ist der Kraftort, an dem wir unsere freie Willensentscheidung ausüben, wo wir uns entscheiden, uns selbst zu befreien oder zu versklaven.

Das *Unterbewusste* ist die erste Schicht unseres Geistes, die wir aus unserer Wahrnehmung oder Bewusstheit ausblenden. In der Psychologie der Vision verwenden wir diesen Begriff, um jenen Ort zu bezeichnen, wo wir versteckte Muster, dynamische Energieprozesse und Brüche speichern, die sich in unserem Leben seit der

---
4 oder „Alltagsbewusstsein"; Anm. d.Ü.

Empfängnis bis zur Gegenwart ereignet haben. Es enthält Verhaltensweisen, Emotionen und Motivationen, die wir auf die Umwelt projizieren. Es ist der Heimatort unserer „Schatten", Konflikte, Glaubensüberzeugungen, Ich-Konzepte, Persönlichkeitsaspekte, Fallen und der Ursachen für unsere Kompensationen. Es enthält all jene unerwünschten aggressiven und sexuellen Gedanken, die wir vom „normalen" Bewusstsein her unannehmbar finden.

Das *Unbewusste* ist die „schamanische" Ebene des Geistes. Sie enthält unsere tieferen Schatten, unsere Archetypen, Metaphern, Symbole, Mythen, Legenden, Geschichten, medialen Fähigkeiten und Kräfte sowie verdrängte lähmende Schmerzen und Not aus der Vergangenheit, die uns „auf die Knie" gezwungen haben. Auf dieser Ebene finden sich auch unsere tiefsten Muster, wie Probleme zwischen den Generationen, Verschwörungen, Lebensgeschichten, Idole (siehe 6. Kapitel), Metaphern, die sich auf andere (frühere) Leben beziehen bzw. auf interdimensionale oder extraterrestrische oder dämonische Ebenen. Weiter sind hier Muster der Seelenebene enthalten, Aspekte des kollektiven Unbewussten und die Welt als eine Projektion unseres Geistes. In diesem Unbewussten oder „Seelenbewusstsein" sind die tiefreichendsten Muster unserer Existenz gespeichert. Es ist voller „Dämonen" und „Drachen" sowie voller Schätze unserer Seelengaben und unseres Lebenssinns.

Das Unbewusste ist nicht die „Software" des Unterbewusstseins, sondern vielmehr die „Hardware" des Geistes selbst. Es enthält die Kernüberzeugungen und existenziellen Schablonen, die unsere Wahrnehmung diktieren. Dazu zählen jene, welche Geburt, Tod, Leiden und Krankheit betreffen. Es enthält auch die Naturgesetze wie die von Zeit und Raum.

Das *Überbewusste* oder der höhere Geist bzw. das höhere Bewusstsein ist jener Teil unseres Geistes, der sich im Geist und Bewusstsein Gottes befindet. Es ist jener Teil von uns, der ewig ist und voller Liebe und Licht. Es ist der Kanal für Gnade. Es bewahrt die Wahrheit unserer Realität, frei von irgendwelchen „Träumen".

Das Bewusstseinsmodell könnte demnach etwa so aussehen, wenn man von der Oberfläche immer weiter auf darunterliegende Ebenen gelangt:

Alltagsbewusstsein	⎫
Unterbewusstsein	⎬ Teil des Egos
Unbewusstes	⎥
Sinnlosigkeit – Bedeutungslosigkeit	⎭
Höheres Bewusstsein – Spirit	Wahres Selbst

Die ersten drei Kategorien repräsentieren unser Ego- oder Ichbewusstsein, während die letzte unseren „Spirit", unseren wahren Geist, darstellt. Zwischen dem höheren Bewusstsein und dem Ego liegt das Schlachtfeld der Sinn- und Bedeutungslosigkeit, auf dem das Ego nichts unversucht lässt, um uns vom Spirit wegzulocken.

Das versucht es, indem es uns in der Welt nach Sinn oder Zielen suchen lässt, was uns immer in den Schmerz der Enttäuschung und Sinnleere führt. Im Kontrast dazu versucht das höhere Bewusstsein immer, uns zu dem zu geleiten, was wahren Wert und Sinnhaftigkeit besitzt, was uns heilt, Freude mit sich bringt und uns hilft, uns weiterzuentwickeln. Tatsächlich sieht das Bewusstsein eher so aus:

Ego
Sinnlosigkeit
Höheres Bewusstsein

Eisberg-Modell (The Iceberg Model)
Chuck berichtet: Als ich an meiner Dissertation arbeitete, hieß es unter den Doktoranden allgemein, dass wir Menschen nur 12 % unseres Geistes nutzen. Als ich promovierte, hatte sich diese Statistikangabe auf 9 % verringert. Vor gut zehn Jahren sagte man, dass wir inzwischen nur noch 4 % unseres Bewusstseins nutzen. Gleich, ob das nun eine exakte wissenschaftlich begründete Tatsache ist oder nicht – diese Zahlen bringen doch metaphorisch zum Ausdruck, dass unter der Oberfläche des Geistes noch sehr viel mehr ist. Oder um es in klinischen Begriffen zu sagen: „Da spielt sich höllisch mehr ab, als das Auge sehen kann."

Das Eisberg-Modell spiegelt, wie viel mehr unseres Geistes unter der Oberfläche unserer Bewusstheit und Wahrnehmung steckt.

In diesem Modell ist unser Alltagsbewusstsein wie ein Eisberg im Meer. Das Eisberg-Modell sieht etwa so aus:

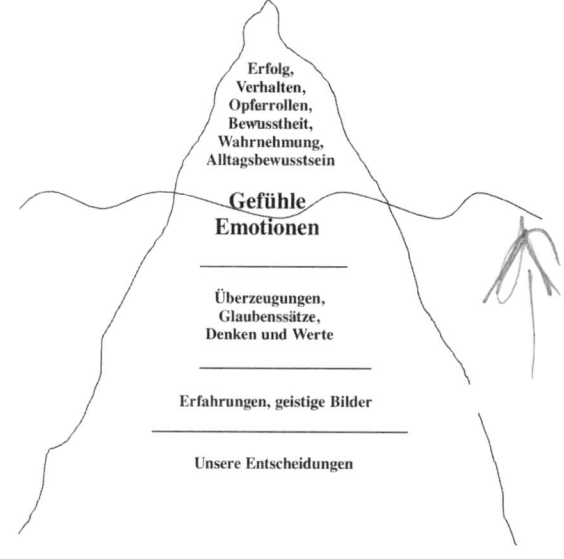

- Unser Alltagsbewusstsein – was mit uns passiert, was wir meinen, was sich abspielt, was wir tun – ist die sichtbare Spitze des Eisbergs. Wir handeln, wie wir handeln, aufgrund dessen, wie wir uns fühlen.

- Die Wasserlinie repräsentiert die Linie unserer Bewusstheit. Über und unter dieser Linie gibt es Schichten von Gefühlen und Emotionen. Die uns bewussten sind sichtbar oberhalb der Wasserlinie; die uns nicht bewussten sind unsichtbar unter der Wasserlinie. Was im Leben mit uns geschieht, entspringt unseren Gefühlen. Was wir tun, wie wir reagieren und handeln, wird also auch von dem ausgelöst, was wir fühlen.

- Woher kommen nun unsere Gefühle? Gehen wir zur nächsten Ebene weiter. Gefühle entspringen aus dem Denken, den Überzeugungen und Glaubenssätzen sowie Werten und Wertvorstellungen, die noch tiefer unter der Wasserlinie liegen, unter den Gefühlen.

- Woher kommen diese wiederum? Aus einer noch tiefer liegenden Ebene, wo Bilder und Erfahrungen im Bewusstsein eingebettet sind. Wir verstärken laufend das, was uns geschieht, da unsere Glaubenssätze und Erfahrungen einen Teufelskreis erzeugen.

- Diese Erfahrungen, die unsere Lebensereignisse erzeugen, entspringen auf der nächsttieferen Ebene aus den Entscheidungen, die wir treffen. Unsere Entscheidungen sind Akte, bei denen wir unseren Geist in einer gewissen Richtung hin investieren, um ein bestimmtes Ergebnis zu erzielen oder einen spezifischen Vorteil zu erhalten.

Unser Alltagsbewusstsein ist der kleinste Teil unseres Geistes und unseres Bewusstseins. Wir sind wie ganz kleine Kinder, die im Auto der Eltern spielen. Wir tun so als ob und nehmen das Spiel für bare Münze. Vielleicht ist das das schönste Spiel, was wir je erleben werden. Wir betrachten das Auto als ein großes Spielzeug, aber seinen Zweck und seine Funktion zu verstehen scheint über unsere Möglichkeiten hinauszugehen, geschweige denn, wie man es fährt.

Je weniger Bewusstheit wir über die inneren Abläufe und Prozesse unseres Geistes haben, desto mehr sind wir auf ein eindimensionales Leben beschränkt. Manchmal bringen wir, um es etwas interessanter und abenteuerlicher zu gestalten, Schmerz, Drama oder Phantasterei in unser Leben. Offensichtlich gibt es sinnvollere und gesündere Alternativen. Wenn wir Zugang zu unserem gesamten Bewusstsein hätten und es nicht mehr großenteils vor uns verborgen wäre, würde unser Leben von Heilung, Faszination und einem süßen, sich immer weiter entfaltenden Mysterium erfüllt sein.

Unser bewusstes Leben – was mit uns passiert und wie wir reagieren – ist ein Resultat der Emotionen, die wir spüren. Manche dieser Emotionen sind uns bewusst, andere nicht. Es gibt drei Arten von Emotionen: bewusste Gefühle oder Emotion, unterdrückte Emotion und verdrängte Emotion.

Bei unterdrückter Emotion sind wir uns eines Anlasses bewusst und wissen, dass sich emotionale Themen darauf beziehen, aber wir halten das Gefühl dieser Emotionen nach unten gedrückt. Es handelt sich um eine nicht erledigte Angelegenheit. Wir erinnern uns vielleicht daran, dass wir einen Unfall hatten, aber wir sind nicht in Berührung mit den Emotionen, die sich darauf beziehen.

Bei verdrängter Emotion haben wir die Emotion und den Anlass vergessen, und wir haben vergessen, dass wir es vergessen haben. In diesem Fall erinnern wir uns noch nicht einmal daran, dass wir einen Unfall hatten. Falls wir viel Emotion auf diese Weise vergraben haben, ist es wahrscheinlich, dass es einen oder mehrere Bereiche in unserem Leben gibt, die nicht erfolgreich sind, z. B. Beziehungen, Gesundheit, Geld, Erfolg, Sex, Familie, und so fort.

Das Prinzip, das diese ersten beiden Ebenen des Eisbergs leitet, besteht darin, dass wir so handeln, wie wir fühlen, und dass das, was passiert, als Folge der Emotionen in uns geschieht.

In unserem Alltagsbewusstsein meinen wir, dass uns etwas zustößt und wir deshalb Schmerzen empfinden. In Wirklichkeit spielt sich genau das Gegenteil davon ab. Wir erleben Schmerzen, und deshalb kreieren wir eine Situation, die uns hilft, dieses Gefühl auszuleben.

Natürlich glauben wir, dass wir etwas fühlen aufgrund dessen, was geschehen ist. Und doch geschieht das, was uns passiert, als Folge einer alten, nicht abgeschlossenen Angelegenheit aus der Vergangenheit.

Nehmen wir an, dass du Angst vor Zurückweisung hast. Wovor du dich fürchtest, das fühlst du jetzt bereits. Wenn du also Angst vor Zurückweisung hast, wirst du sowohl Angst wie Zurückweisung spüren. Wenn du sowohl Angst wie Zurückweisung empfindest, wirst du meistens defensiv agieren, mit Abwehr, und vielleicht dich übertrieben engagieren, besonders cool oder lässig tun (als Kompensation für deine wahren Gefühle) oder einfach weglaufen. Abwehrmechanismen führen jedoch geradewegs zu dem, wovor sie schützen sollen, und deshalb werden solche Verhaltensweisen dann tatsächlich zu Zurückweisung führen.

Gefühle entstehen aus Gedanken, Überzeugungen und Werten

Unsere Gefühle ergeben sich aus unseren Gedanken, Glaubenssätzen und Wertvorstellungen. Wenn wir uns schlecht fühlen, dann deshalb, weil wir auf leidvolle Weise denken. Nehmen wir als Beispiel unsere Auffassung des Todes. Falls du glaubst, dass der Tod die größte Tragödie ist, wirst du dich tatsächlich tragisch berührt fühlen, wenn jemand stirbt, und du wirst alle intensiven Schmerzen spüren, die mit dieser Überzeugung einhergehen.

Wie ist das jedoch, wenn du glaubst, dass der Tod „ein torloses Tor" ist? Was ist, wenn du glaubst, dass die Sterbenden einfach ihren Körper ablegen, wie man Kleidungsstücke auszieht? Wie ist es, falls du glaubst, dass sie immer noch lebendig und manchmal sogar anwesend sind, obwohl unseren Augen im Regelfall nicht sichtbar? Dann wirst du dich vermutlich nicht so schlimm fühlen, wenn jemand stirbt, den du liebst.

Das ist nun eine starke Vereinfachung, denn ein Mensch hat vielleicht 10 oder 20 Kernüberzeugungen oder Schlüsselglaubenssätze über den Tod und Hunderte von untergeordneten. Zusätzlich wird alles, was zwischen diesem Menschen und dem Sterbenden ungeklärt ist, die Gefühle beeinflussen und sich als Verlustgefühl, als Schuld, Herzensbruch oder Niedergeschlagenheit zeigen. Weiter hat der betreffende Mensch vielleicht andere Verluste erlebt, die nicht abgeschlossen oder geheilt worden sind. Auch diese können sich jetzt zeigen, in der Verkleidung von Gefühlen des Verlustes, der Trauer und Depression, die sich anscheinend (nur) auf das gegenwärtige Ereignis beziehen.

Wir sind uns der meisten unserer Gedanken nicht bewusst. Man geht davon aus, dass wir bei ungefähr drei Kilometern Autofahrt rund 2000 Gedanken haben. Wie viele dieser Gedanken nehmen wir auch nur wahr?

Jeder Gedanke führt zu einem Affekt und zu einem Effekt. Jeder Gedanke erzeugt Gefühle, positive oder negative. Unsere Gedanken, Überzeugungen und Werte schaffen unsere Wahrnehmung – wie wir die Welt sehen und erleben. Im *Ein Kurs in Wundern* heißt es, dass es keine neutralen Gedanken gibt und dass jeder einzelne unserer Gedanken dazu beiträgt, die Welt zu schaffen, die wir sehen – sei es zum Besseren oder zum Schlechteren.

Eine Überzeugung, ein Glaubenssatz ist eine Entscheidung, die wir aufgrund von Erfahrung getroffen haben. Sie ist ein laufender statischer Gedanke und eine ständig sich wiederholende Entscheidung. Unsere Glaubenssätze machen unsere Wahrnehmung und unsere Erfahrung aus. Wir sind für unsere Welt verantwortlich, weil unser Denken, unsere Überzeugungen und Werte unsere Welt und deren Erleben buchstäblich direkt erzeugen.

Unsere Überzeugungen stammen von geistigen Bildern: Aus alten Erfahrungen, die wir gemacht haben, bilden wir Glaubenssätze über uns selber, über das Leben, Männer, Frauen, Beziehungen, Erfolg, Sex, Geld und so fort und darüber, wie wir uns aufgrund dieser Überzeugungen verhalten sollen.

Auf dem Weg zur Einheit werden wir allmählich alle Glaubenssätze transzendieren, einschließlich der positiven. Als Folge davon werden wir allmählich über übliche, vertraute Wahrnehmungsformen hinausgehen und die Erfahrung der Zeitlosigkeit machen.

Zur Erinnerung noch einmal, wie unter einer Schicht eine nächste liegt, aus der die jeweils obere hervorgegangen ist:

> Was im Leben passiert
> Gefühle und Emotionen
> Glaubenssätze, Denken, Werte
> Erfahrung und geistige Bilder
> Entscheidung

Schauen wir uns ein Szenario, das in Asien besonders häufig ist, als Beispiel an. Ein kleines Mädchen wird geboren und spürt, dass ihr Vater einen Jungen wollte. Dann folgert sie aufgrund der Glaubenssätze ihres Vaters, seiner Kultur und seiner Unsicherheiten, dass sie von ihrem Vater unerwünscht ist und deshalb auch als Frau von Männern unerwünscht sei.

Aufgrund dieser Überzeugungen verhält sie sich, als ob sie unerwünscht oder unwürdig wäre, oder sie kompensiert und agiert wie eine „Superfrau", die in allem hervorragend ist und mit Sicherheit viel besser als ihr kleiner Bruder, falls es einen gibt. Leider empfindet sie sich unter der Kompensation immer noch als wertlos. Die Belohnungen, die sie als „Superfrau" erhält, können ihr Selbstwertgefühl und Vertrauen nicht aufbauen, sondern werden stattdessen nur die Kompensation und ihr Wettbewerbsdenken und -verhalten verstärken.

Dieses Beispiel zeigt auch, wie Entscheidungen, obgleich es schlechte sind, in Situationen gemacht werden, als ob die Entscheidungen selbst traumatisch sind. Wenn man während irgendeines Geschehens eine negative Entscheidung fällt, wird das Erleben als eine dunkle Lektion gespeichert, und diese Erfahrung wird fortlaufend negative Emotionen und Verhaltensmuster erzeugen, die zum Scheitern verurteilt sind.

Das Verhaltensmuster könnte beispielsweise eines der wiederholten Herzensbrüche in Beziehungen zu Männern sein. Das Muster kann sich so auswirken, dass diese Frau nur jemanden auswählt, der in Bezug auf Kontrolle, Unabhängigkeit und Konkurrenzfähigkeit unterhalb ihres Niveaus von Erfolg, Reichtum, Intelligenz und Attraktivität ist. Oder sie könnte ständig mit ihrem Partner darum konkurrieren, wer in der Beziehung die Oberhand behält.

Das kann zu einem Machtkampf führen oder dazu, gar keine Beziehung zu haben oder eine Vielzahl unbefriedigender Beziehungen. Es kann auch dazu führen, einen Partner anzuziehen, der aufgrund einer Beherrschungs-Unterwerfungs-Verschwörung oder einer Konkurrenz-Verschwörung (siehe 6. Kapitel) ein „Versager" ist.

Jetzige Ereignisse, die unbefriedigend oder leidvoll sind, sind die Resultate früherer Missverständnisse. Eine gegenwärtige traumatische Situation ist die Frucht eines Baums (oder Musters), dessen Wurzeln weit in die Vergangenheit reichen. Nur wenn die Wurzel einer Situation beseitigt worden ist, kann das zum Scheitern verurteilte Muster gelöst und geheilt werden.

Erfahrung und Wahrnehmung als Konsequenz von Entscheidungen

Es wurde später in unserer Forschungsarbeit offensichtlich, dass es eine ganze andere Ebene des Geistes gibt, die Teil des Eisberg-Modells ist und dabei die tiefgründigste und dynamischste Schicht von allen darstellt. Diese Schicht ist es, die dem Rest des Eisbergs Sinn und Bedeutung, Zweck und Funktion verleiht. Diese Ebene stellte den *Zweck und Sinn* unserer Erfahrungen, Überzeugungen, Emotionen und Verhaltensweisen dar. Bei dieser Schicht geht es um Entscheidung, um die bewusste Wahl zwischen Alternativen.

Aufgrund unserer Entscheidungen geschehen die Ereignisse in unserem Leben, sogar die negativsten. Diese negativen Entscheidungen haben einen bestimmten Zweck bzw. bringen eine gewisse Belohnung mit sich. Diese Vorteile sind Dinge, die wir entweder erstreben und geschehen machen, oder es sind Dinge, deren Geschehen wir verhindern wollen.

Es könnte sich dabei um Versuche handeln, Bedürfnisse zu befriedigen, Rache zu bekommen, Schuld abzuzahlen, andere zu besiegen, aus der Verantwortung entlassen zu werden oder sich als jemand Besonderes zu erweisen aufgrund des Erfolges oder Versagens.

Diese Belohnungen oder Vorteile sind Bestrebungen, uns selbst oder anderen oder dem Leben etwas zu beweisen. Wenn sie negativ sind, stellen sie die destruktivsten und besonders selbstzerstörerischen Elemente und Muster unseres Bewusstseins dar.

Wir fällen unsere Entscheidungen bewusst und in Sekundenbruchteilen, und dann werden sie vergessen oder verdrängt. Manchmal machen wir unsere Entscheidungen sogar unterbewusst.

Das ist so, weil unsere Macht, Entscheidungen zu treffen, nicht in unser bewusstes Selbstbild hineinpasst, in dem wir als „unschuldige Opfer" dastehen, mit denen in einer grausamen Welt unfair umgegangen wird und deren eigenes Verhalten deshalb legitimiert ist. Unser Verhalten, das wir rechtfertigen möchten, kann alles enthalten, von Herrschsucht über Aggression dazu, in Gefühlen oder Dingen zu schwelgen oder einfach aufzugeben, entsprechend unserer Absicht oder dem Vorteil, den wir suchen.

Chuck berichtet: *Eines Tages, als ich auf einer Autobahn fuhr, merkte ich, dass ich dabei war, mich selbst zu hypnotisieren, und kurz davor stand, eine Entscheidung zu treffen, einen Autounfall zu haben. Als ich mich fragte, warum ich denn so etwas tun würde, erkannte ich, dass dahinter ein Versuch stand, eine Ex-Freundin zurückzubekommen. Ich phantasierte, wie sie an meinem Krankenhausbett stehen und meine Hand halten würde. Nichts von der „Planung" geschah bewusst, bis ich mich selbst* *dabei erwischt hatte und dann eine ganze Schicht von Verlust und Trauer fand, die mir nicht bewusst gewesen war.*

Im Verlaufe der Jahre habe ich mich manchmal dabei ertappt, dass ich gerade entscheiden wollte, eine Erkältung zu kriegen oder eine Grippe, und ich kehrte die Entscheidung wieder um. In den letzten 25 Jahren wurde mir deutlich, dass alles im Film unseres Lebens, alles was in unseren Geschichten und Drehbüchern passiert, sich aufgrund eigener Entscheidungen ereignet. Wenn wir mit den Ergebnissen unseres Lebens nicht zufrieden sind, zeigt das einfach an, welche falschen Entscheidungen wir getroffen haben.

Unser Leben geht entweder in Richtung auf Heilung und evolutionäre Bewegung, oder es ist in lähmender Angst eingefroren. Wenn wir wachsen und lernen, ergeben sich die Themen, mit denen wir uns auseinandersetzen, aus den alten Brüchen in unserem Bewusstsein. Diese Themen kommen an die Oberfläche unseres Geistes, damit die Frakturen geheilt werden können. Die andere Quelle von Schmerzen und Problemen entspringt aus unseren Versuchen, unser Wachstum und unsere spirituelle Entwicklung aufgrund von Angst abzulenken und zu verzögern.

Die Angst vor unserem Geist und unserer Macht
Die meisten Menschen brechen nicht in ihren Geist auf aus Angst vor dem, was sie dort finden werden. Wenn sie die Ereignisse ihres Lebens von innen heraus untersuchen und das Prinzip der Eigenverantwortung missbräuchlich anwenden, flutet Schuld herein. Das ist gesund, denn diese Schuld ist schon vorhanden und muss erkannt werden, bevor sie gewandelt werden kann. Das ist für die meisten Menschen jedoch schon mehr als genug und sie hören auf, sich weiter zu erforschen.

Es ist wichtig zu wissen, dass, obwohl wir uns alle in gewissem

Maße schuldig fühlen, dies doch ein psychologischer Irrtum ist. Schuld ist eine Falle, die vom Ego aufgestellt wird; sie kehrt unsere Fehler in Selbstbestrafung um, was uns daran hindert, vorwärtszugehen. Gleich, ob wir uns die Schuld geben oder anderen: Schuld ist immer eine Falle. Wir lernen nichts daraus, wir heilen nicht, und wir wachsen auch nicht und entwickeln uns nicht weiter, wenn Schuldgefühle herrschen.

Viele Male verbergen sich unter Schuld und Versagen unsere Bewertungen, Urteile und Vorurteile, Groll und unsere Klagen. Damit eine Situation ganz gelöst werden kann, muss sie geheilt und verstanden werden. Wenn wir negative Emotionen wie Schuld und Vorwürfe erfahren, bedeutet das, dass irgendetwas noch nicht verstanden wurde.

Wir hegen die falsche Überzeugung, dass das Problem jemandes Schuld sei und man deshalb jemandem Vorwürfe machen müsse. Wenn es nicht die Schuld von irgendjemand anderem ist, dann muss es unsere Schuld sein. Das stimmt nicht, denn wenn volles Verstehen erlangt wird, wird die Verbundenheit („bonding") wiederhergestellt, und wir fühlen uns unschuldig und frei. Wenn umfassende Heilung geschehen ist, sehen wir uns selbst wie auch die anderen als schuldlos an. Bis dahin sind wir Geißeln des Leids, der Schuld und der versteckten falschen Entscheidungen aus der Vergangenheit.

Wenn wir Verantwortung für unser Leben übernehmen, für unser Denken, unsere Emotionen und Erfahrungen, gewinnen wir im selben Maße die Kraft zurück, die wir durch die Opferhaltung aufgegeben haben. In dem Umfang, in dem wir uns unser Bewusstsein zu eigen machen und dafür Verantwortung auf allen Ebenen übernehmen, werden wir sowohl unsere evolutionäre Entwicklung beschleunigen wie auch gleichzeitig unser Leben und das der Umwelt auf positive Weise beeinflussen.

Beziehungs-Modell (Relationship Model)

Was auch in unserem Leben passiert – Erfolg oder Versagen –, hat mit dem zu tun, was in unseren Beziehungen geschieht. Wir können unser Erleben durch Vergebung verändern, wir können unsere Lebenssituation durch Verzeihen verwandeln. Alle Probleme und Symptome sind das Ergebnis früherer und jetziger zwischenmenschlicher Themen und Prozesse. Alle gegenwärtigen Beziehungen, die einen negativen Aspekt an sich haben, spiegeln nicht abgeschlossene Dinge aus früheren Beziehungen. Alle unsere ernsthafteren Probleme repräsentieren negative Beziehungsmuster.

Unsere früheren und jetzigen zwischenmenschlichen Beziehungen repräsentieren auch Aspekte unseres eigenen Bewusstseins. Es sind die abgespaltenen, verurteilten und verdrängten Elemente unseres Geistes. Die Menschen in unserer Umgebung, einschließlich jener, die uns zum Opfer gemacht haben, stellen alle einen Aspekt dessen dar, wie wir uns selber wahrnehmen. Sie repräsentieren Persönlichkeiten bzw. Persönlichkeitsanteile, Glaubenssätze und Ich-Konzepte, die in uns selber sind. Sie spielen die Rollen in den Lebensgeschichten, die wir schreiben, und spiegeln die Ansichten, die wir von uns selbst haben.

Alle unsere Beziehungen – und damit auch alle unsere Probleme – spiegeln unsere Beziehung zu Gott. Unsere Probleme stellen Groll und Beschwerden dar, die wir an Gott richten, und unsere Angriffe auf Ihn. Wir geben Ihm die Schuld für das, was in Seinem Namen getan wurde. (O Herr, schütze mich vor deinen Anhängern!)

Wir projizieren auf Gott auch das, was wir selber tun oder lassen, und machen ihn für die Folgen verantwortlich, die wir dann ernten. Unsere Beziehung zu Gott steckt meistens am tiefsten unter dem jeweiligen Problem, das wir haben, bzw. sie stellt den am stärksten verdrängten Aspekt des Problems dar. Je tiefgreifender und nachhaltiger wir irgendein Problem heilen, desto größer wird die Wirkung sein, die das in dieser Welt ausübt. Im *Kurs in Wundern* heißt es: „Wenn du Millionen von Menschen helfen willst, dann verzeihe Gott!"

Zu diesem Modell wieder eine schematische Übersicht:

Was passiert
Beziehungen (interpersonal/zwischenmenschlich)
Beziehungen zu uns selbst bzw. zu unserem Selbst (intrapersonal/innerhalb des Menschen)
Beziehung zu Gott

* * *

Spiegel-Modell (Mirror Model)

 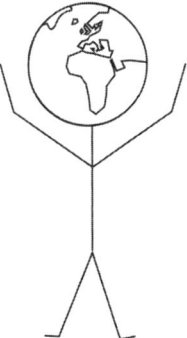

1. Was außerhalb von uns passiert, ist das, was in uns selbst geschieht.
2. Was in der Außenwelt passiert, spiegelt Entscheidungen, Überzeugungen, Ich-Konzepte und Persönlichkeiten (Persönlichkeitsaspekte).
3. Die Menschen und Situationen, die uns am nächsten sind, repräsentieren jene Teile unseres Bewusstseins, die für Heilung am offensten sind; allerdings sind die Bewusstseinsanteile meistens Ich-Konzepte von der Seelenebene.
4. Was auf der globalen Ebene geschieht, reflektiert, was im tiefsten Inneren unseres Unbewussten geschieht. Das schließt das kollektive Unbewusste ein und all das, was in der Geschichte der Menschheit noch nicht geheilt ist.
5. Und doch könnte jeder Konflikt in der Welt – gleich, wie groß er auch ist – von dir bzw. von uns persönlich geheilt werden.
6. „Veteranen" der Psychologie der Vision richten sich in ihrer Bewusstseinsarbeit nicht nur auf ihre persönlichen Probleme aus, sondern auch auf Themen ihrer Gemeinden und auf Weltereignisse; sie arbeiten nicht von außen an diesen Themen, sondern heilen sie von innen heraus.

Ein Hinweis: Das Spiegel-Modell (auch „Global Projection Model" genannt, „Modell der globalen Projektion") hat unmittelbar etwas mit der modernen Chaostheorie und der holographischen Theorie zu tun.

Chuck berichtet: *Auf dieses Modell stieß ich 1975 zum ersten Mal, als ein Seemann zu mir kam und in den beiden ersten Sitzungen seines Rehabilitierungsprogramms gleich damit anfing, über seine Befürchtungen vor einem atomaren Holocaust und einem nuklearen Winter zu sprechen. Das nahm ein Ausmaß an, dass seine eigenen persönlichen Probleme sich im Vergleich dazu zwergenhaft ausnahmen.*

Ich erhielt plötzlich den intuitiven Hinweis, dass er eine eigene innere Erfahrung beschrieb. Als ich danach fragte, stellte ich fest, dass er ungeheuer depressiv war bis hin zu einer Selbstmordneigung. Es gelang, den exakten Zeitpunkt im Leben herauszufinden, an dem die Depression begonnen hatte. Nachdem wir seine Depression durchgearbeitet und geheilt hatten, fingen seine gesamte Weltsicht und die Art, wie er seine Erfahrungen betrachtete, an, sich zu verändern. Die Angst vor einem Atomkrieg war für ihn kein Thema mehr. Als wir die Therapie beendet hatten, am Ende der uns zugestandenen zwei Monate, freute er sich an einem neuen inneren und äußeren Frühling. Glücksgefühle, Begeisterung und Lebenslust waren zurückgekommen.

Das war damals meine erste bewusste Erkenntnis, dass die inneren, personalen und die äußeren, globalen Erfahrungshorizonte ganz eng miteinander verknüpft sind.

* * *

Verantwortungs-Modell – Entscheidung
(Accountability Model – Choice)

Dieses Modell geht davon aus, dass alles, was mit uns passiert, ein Resultat unserer früheren Entscheidungen ist. Unsere Kollektiventscheidungen bringen die Welt so hervor, wie sie derzeit aussieht. Ein Mensch, der eine wahre Entscheidung trifft, verändert sein Bewusstsein, und das wiederum bewirkt eine Veränderung in der Welt, in der er lebt. Als Ergebnis dessen wird die Welt, in der wir alle als Kollektiv leben, zum Besseren verändert.[5]

Wenn wir uns selbst dabei ertappen, dass wir mit einer nega-

---
5 Man denke nicht nur an Gandhi, Mutter Teresa und so fort, sondern an viele Namenlose, die „ganz allein" entscheidende Veränderungen bewirkt haben; Anm.d.Ü.

tiven Überzeugung, Erfahrung oder Bildnis zu tun haben, können wir dies durch die Kraft der Entscheidung verändern.

Mit diesem Modell erkennen wir versteckte Belohnungen für negative Ereignisse. Während die Folgen dieser negativen versteckten Aspekte des Bewusstseins auf eine bestimmte Weise „zu funktionieren" scheinen (sie befriedigen zum Beispiel vielleicht unseren Wunsch nach Rache), werden sie uns doch nie wirklich glücklich machen.

Diese verborgenen Aspekte der Ego-Strategien unseres Geistes können auf einer Reihe von Wegen aufgespürt werden. Hier stellen wir eine Methode vor, die in der Psychologie der Vision häufig benutzt wird. Sie heißt das „Stell dir vor, dass ...-Spiel" oder „Nimm einmal an ..." bzw. „Tu so als ob ...". Es geht so:

Nimm ein Ereignis, das du nicht gewollt hattest. Wir wissen, dass du nicht wolltest, dass es passiert, aber stell dir jetzt einfach einmal vor, du hättest es doch gewollt. Mal dir richtig aus, du hättest sehr gewollt, dass es geschehen sollte. Und dann frage dich: „Wie kommt es, dass ich das gewollt hatte?"

Der Schlüssel liegt dabei darin, dass du deine Überzeugung, dass du es ja gar nicht gewollt hattest, eine Zeit lang außer Kraft setzt. Wir wissen, dass du es nicht bewusst gewollt hattest, aber dein Alltagsbewusstsein hat dich ja bislang mit dem betreffenden Problem nirgendwohin gebracht. Stell dir also vor und tu so, als ob du doch wirklich gewollt hattest, dass die Sache passierte.

Was könnte es sein, warum du möglicherweise doch gewollt hattest, dass es geschieht? Sprich einfach die erste Sache aus, die dir in den Sinn kommt. Diese Art, die Intuition einzusetzen, lässt das Ego und das Alltagsbewusstsein links liegen.

Hier sind einige weitere Fragen, die helfen können, versteckte Aspekte des Bewusstseins zu erhellen. Sie sprechen manche der

häufiger vorkommenden dynamischen Energien an, die in den meisten Problemen präsent sind.
- Was hat dieses Ereignis dir erlaubt zu tun?
- Was musstest du aufgrund dieses Geschehens nicht tun?
- Was hast du versucht, mit Hilfe dieses Ereignisses zu bekommen?
- Vor welcher Angst wolltest du dich mit dem Ereignis schützen?
- Welche Schuld hast du mit dem negativen Geschehen abzutragen versucht?
- An wem wolltest du dich rächen?
- Welches Bedürfnis hast du zu erfüllen versucht?
- Wessen Aufmerksamkeit wolltest du damit erregen?
- Wen und was hast du versucht zu kontrollieren oder zu beherrschen?
- Wie hast du das Ereignis benutzt, um dich selber zu kontrollieren?
- Wen wolltest du durch das Geschehen verteidigen?
- Woran bzw. an wem konntest du aufgrund des Ereignisses festhalten?
- Wen hast du versucht zu retten, indem du es hast passieren lassen?
- Was wolltest du beweisen, indem sich das ereignete?
- Auf welche Weise hast du das Ereignis als einen Vorwand oder eine Entschuldigung benutzt?
- In welchem Konflikt hast du damals gesteckt? Was waren die beiden gegensätzlichen Wünsche, die das Geschehen hervorgebracht hat?
- Wie konntest du dich aufgrund des Geschehens vor deiner Lebens-oder Seelenaufgabe verstecken?
- Welche alte Familienrolle hast du bei diesem Ereignis gespielt?
- Welche deiner Regeln wurde durch das, was vorfiel, gebrochen?

- Wie hast du „Recht behalten" mit Hilfe dieses negativen Geschehens?
- Welche Lektion wolltest du dadurch lernen, dass sich das in deinem Leben ereignet hat?
- In welchem Bereich warst du naiv oder wo bist du wie ein „Schlafwandler" durch dein Leben gegangen?
- Was hast du dich geweigert, auf einfache Weise zu lernen, so dass die Lektion nun auf diese Weise kommen musste?
- Auf welche Weise hast du dich dadurch, dass das Ereignis stattfand, selbst angegriffen oder sabotiert?
- Welcher Lust (oder welchem – auch emotionalen – Laster) konntest du aufgrund des Ereignisses frönen?
- Welche Arten von Signalen und Botschaften hast du durch das, was geschehen ist, den Menschen in deinem Umfeld gegeben, die dir wichtig sind?
- Welche Schritte hast du aus Angst dadurch vermieden zu tun?
- Mit wem warst du in Konkurrenz, so dass dies passierte?
- Welches Ereignis aus deiner Vergangenheit wurde durch dieses Geschehen wieder aufgerollt und erneut abgespielt?
- In welcher Hinsicht hast du dich selbst nicht wirklich gegeben, so dass es zu diesem Ereignis kam?
- Über welche Sache hast du mit Gott dabei gerungen?
- Welche Gabe oder Fähigkeit hast du aus Angst vermieden?
- Wie hast du das Geschehen benutzt, um unabhängiger zu werden?
- Inwieweit ist das Ereignis ein Symptom des Ödipus-Konfliktes?
- Welche Seite deiner Familie hat dieses Problem an dich weitergereicht?
- Wie hast du dieses Ereignis benutzt, um dich vor deiner Aufgabe zu verstecken?

Das sind einige der ungefähr 300 Prinzipien von Entscheidung und Eigenverantwortung, die wir in der Forschungsarbeit der Psychologie der Vision bislang festgestellt haben. Beim Eisberg-Modell wird die Entscheidung auf der tiefsten und verborgensten Schicht getroffen, unterhalb der Ebene der „Bilder und Erfahrungen". Eigenverantwortung ist das Prinzip, das besagt, dass alles, was passiert, eine Folge unserer eigenen Entscheidungen ist. Wenn wir dieses Prinzip in Bezug auf die Ereignisse in unserem Leben voll und ganz annehmen würden, würden wir erleuchtet werden. Das Prinzip der Verantwortlichkeit hilft uns, jene versteckten Wünsche und geheimen Sehnsüchte zu erhellen, die uns in Konflikt mit unserem eigenen Bewusstsein bringen. Das sind versteckte Vorhaben, Belohnungen und Absichten, die eine wichtige Rolle spielen, wenn sich Dinge ereignen, die scheinbar gegen unseren Willen sind.

Lebensaufgabe- und Verschwörungs-Modell
(Purpose and Conspiracy Model)

Natürliche Lebenserfüllung entsteht, wenn wir das tun, wozu wir berufen sind. Sie entsteht aus der Verwirklichung des Plans, zu dem zu werden, der wir zu werden gekommen sind. Trotzdem haben die meisten von uns sehr viel Angst vor ihrer Berufung. Unser Ego sagt uns, dass wir einen großartigen Lebenssinn haben, und dann erzählt es uns, dass wir ihn unmöglich vollbringen können, weil er so groß ist. Auf diese Weise täuscht und fängt uns das Ego.

Wir haben alle eine große Lebensaufgabe, selbst wenn sie einfach ist. Zum Beispiel könnte die Seelenaufgabe eines Menschen darin bestehen, einfach glücklich zu sein. Wenn das Ego uns jedoch sagt, dass wir unsere Aufgabe verwirklichen *müssen*, dann hört sich das nach einer Arbeit an, nach einer Bürde und einem Kreuz, das wir zu tragen haben. Jeder wahre Sinn wird jedoch nicht *von* uns, sondern vielmehr *durch* uns erfüllt. Er wird auf leichte Weise von Gnade, voller Inspiration und mit göttlicher Hilfe vollbracht, wenn wir das aus ganzem Herzen möchten und uns dem ganz hingeben.

Die Angst vor Sinn
(„purpose"; siehe alphabetisches Verzeichnis)

Die meisten unserer Probleme werden von unserem Ego geschaffen, um uns daran zu hindern zu erkennen, wer wir wirklich sind. Chronische und komplexe Probleme werden als eine Verschwörung dagegen organisiert, dass wir unsere Lebensaufgabe entdecken.

Wenn wir erst einmal in Verbindung mit unserem Sinn sind, bleiben nur noch die wesentlichen Probleme übrig, die auftauchen, um uns zu helfen, eine bestimmte Lektion zu lernen. Diese Lektionen helfen uns dabei, unsere Aufgabe zu erfüllen. Erfüllung und Leichtigkeit sind sichere Anzeichen dafür, dass wir unserem Sinn entsprechend leben.

***Chuck berichtet:** 1981 habe ich eine psychologische Beratungspraxis in Orange County in Kalifornien eröffnet. Zum ersten Mal sah ich Menschen längere Zeit hindurch als nur für ein oder zwei Therapiesitzungen, um akute Probleme zu lösen. Als meine Klienten und ich begannen, chronische Beziehungs-, Familien-, Geld- oder Gesundheitsmuster und -probleme zu lösen, zeigte sich eine Sache immer wieder.*

Nachdem jedes große Problem geklärt war, tauchte ein Weg auf. Es gab einen klar vernehmbaren inneren Ruf für den Klienten, sich in eine bestimmte Richtung zu bewegen bzw. eine gewisse Sache zu vollbringen. Je größer das Problem war, desto größer war der Sprung, den der Klient bzw. die Klientin auf leichte und natürliche Weise in Bezug auf seine bzw. ihre Aufgabe machte.

Als das immer wieder geschah, interessierte mich natürlich der Grund dafür. Schließlich fing ich an, die Probleme nicht nur als Probleme an sich zu sehen, sondern erkannte, dass die Probleme dazu dienten, die Aufgabe und den Sinn des Lebens der Klienten zu verbergen.

Ich bemerkte, dass die Probleme als Klumpen wie in einem Netzwerk hingen und dazu bestimmt waren, die Seelenaufgabe, die Ausrichtung der Seele auf ihren Sinn und die persönliche Erfüllung, die daraus erwächst, ihn zu verwirklichen, zu verbergen und den Blick darauf zu trüben sowie die Sinne zu vernebeln.

Ich begann dies als eine Verschwörung, als eine geheime Abmachung auf der Ebene des Egos gegen die Seelenaufgabe und den Lebenssinn zu betrachten. Eine Verschwörung, um zu verhindern, dass der Mensch verwirklichte, wozu er gekommen war, und zu werden, als wer er gemeint war. Ich fing auch an zu sehen, dass wir alle gefangen sind in solchen Verschwörungen gegen unsere Lebensaufgaben, zu denen wir uns freiwillig gemeldet haben, gegen unsere eigene Größe und Begabung. Aufgrund dieser Verschwörung gegen die Erfüllung unserer Aufgabe leben die meisten Menschen unkreative, unerfüllte Leben – da sie ihre Bestimmung verstecken.

Ich nannte diese Verschwörung gegen unseren Lebenssinn den Jona-Komplex. Wie Jona erhielten wir eine Aufgabe (bzw. meldeten uns freiwillig dafür), die zu unserem Glück führt. Es sieht so aus, dass wir wie Jona die Aufgabe zwar annahmen, dann aber kalte Füße bekamen. Wie Jona entschieden wir uns, uns auf die Reise zu begeben, aber ein Sturm an Konflikten erhob sich, der uns über Bord warf. Wir wurden von einem „Walfisch" an Problemen verschluckt und hatten drei Tage Zeit (eine Metapher aus dem Alten Testament für Transfomation), um uns zu entscheiden, ob wir unsere Mission ausführen oder sterben wollten. Die meisten von uns entschieden sich, im Wal der Probleme stecken zu bleiben, anstatt das auszuführen, weshalb sie hierher gekommen sind.

Die Wichtigkeit von Sinn
Visionäre sind Menschen, die ihre persönliche Vision leben. Sie haben ihre Aufgabe angenommen und haben keine Angst vor ihrer Größe. Ihre persönliche Vision lässt sie ganz selbstverständlich anderen sich und etwas geben und leitet sie, für die Welt eine Vision zu entwerfen und einen positiven Weg nach vorn zu weisen. Ihre Begabungen öffnen das Tor zu positiven Lebenserfahrungen und zu einer neuen Weise des Seins.

Vision ist eine hohe Ebene des menschlichen Bewusstseins, die dem kreativen Zustand des Gehirns oder dem Theta-Zustand entspricht. Dieser intensiv freudige Zustand bewirkt, dass wir uns wie ausgedehnt und erweitert empfinden, dass wir uns als unser „bestes Selbst" erleben oder dass wir „voll gut drauf" sind. Dieser Zustand reicht hinauf zu erweiterten Bewusstseinserfahrungen, zu medialen, schamanischen und heilerischen Zuständen, in magische Dimensionen und zu höchster Kunst. Er kann noch höher hinaufreichen, in transpersonale Erfahrungen und spirituelle Vision.

In der Vision „wagen wir alles", damit wir über uns selber hinauswachsen können durch Liebe, Heroismus und Kreativität. Dies ist ein Zustand (der mit Hilfe von höheren Träumen, Trance oder einem hohen Maß an Konzentration und Kreativität hervorgebracht wird), in dem ein verändertes Bewusstsein höhere und tiefere Aspekte des Geistes offenbart.

Es kommt darauf an, ob wir bereit sind, uns genügend zu öffnen, um all das zu empfangen bzw. uns dem ganz hinzugeben, ob und wie viel wir in solchen Zuständen bewirken können. Menschen, welche diese Ebenen des Bewusstseins erreichen, leisten wichtige Beiträge für ihre Umgebung und für die ganze Welt. Sie sehen, fühlen und hören den besseren Weg nach vorn. Sie sehen eine positivere Richtung, um nach vorn zu gehen, und werden

Was ist meine Vision?

von einer schöpferischen, visionären Kraft vorwärts getragen. Sie fühlen sich erhoben und wie durch die Luft getragen.

Verschwörung – Die Alternative zur Lebensaufgabe

Eine Verschwörung ist eine Falle des Egos, die so aussieht, als ob es keinen Ausweg daraus gäbe. Das ist das charakteristische Merkmal einer Verschwörung. Sie mag zwar durchaus so idiotensicher genau sein, dass sie ausweglos aussieht, aber vor Gottes Weisheit ist sie nicht sicher[6]. Selbst die schlimmsten Verschwörungen gegen unsere Seelenaufgaben und unseren Lebenszweck können geheilt werden.

Jedes Mal in unserem Leben, wenn wir in einer Position sind, um uns in unserer Entwicklung und unserem Lernen kraftvoll nach vorn zu bewegen, besteht ein typisches Muster unseres Egos darin, eine gemeine Verschwörung in Gang zu setzen. Das Ego nimmt immer das Türschild des Himmels und hängt es über die Tür zur Hölle und nimmt das Türschild der Hölle und hängt es über die Tür zum Himmel. Das führt natürlich, um es gelinde auszudrücken, zu großer Verwirrung und verursacht manchmal große Qualen.

Eine Verschwörung lässt alles so aussehen, als ob wir geradewegs in der Hölle steckten. Als Frucht eigener Forschungsarbeiten hat die Psychologie der Vision eine Reihe von diesen Verschwörungen beschrieben und bezeichnet, und sie bietet spezifische und allgemein gültige Methoden an, um sie zu überwinden bzw. sie aufzulösen.

Wenn wir uns davor fürchten, unseren Sinn zu verwirklichen, werden wir in irgendeine Form der Verschwörung geraten – eine massive Ablenkung, Vergesslichkeit oder ein Riesenproblem –,

---

[6] Wortspiel im Englischen: „conspiracies may be fool-proof, but not God-proof"; Anm. d. Ü.

die uns vollständig verzehrt. Alle Verschwörungen ähneln einander. Sie bauen auf Problemen auf, die so groß aussehen, als ob wir ihnen nie entrinnen könnten. Sie bieten uns einen Vorwand oder eine Entschuldigung, warum wir unsere Aufgabe nicht leben, und halten uns zwanghaft mit unserer Problematik beschäftigt.

Zu den am meisten verbreiteten Verschwörungen zählen neben der Jona-Verschwörung die Opfer-Verschwörung, die Beziehungs-Verschwörung, die Ödipus-Verschwörung und die Familien-Verschwörung.

Die Opfer-Verschwörung

Das Opfer, das in einer Position der Ohnmacht gefangen zu sein scheint, wirft sich zwischen den Gefühlen von Hilflosigkeit und Wut hin und her. Opfer glauben, dass jemand etwas gegen ihren Willen getan hätte. Das könnte wahr sein, wenn es nicht so etwas wie das Unterbewusstsein gäbe. Unter der Oberfläche spielt sich jedoch enorm viel ab, und von dort aus choreographieren wir die Ereignisse in unserem Leben.

Opfer tragen eine Menge an Gewalt in sich, obwohl sich diese häufig gegen sie selbst richtet. Es gibt im Opfer genauso viel Gewalt wie im Aggressor, denn Opfer zu sein ist in der Tat eine Form von Gewalt. Es ist eine Art zu sagen: „Schau her, was du mir angetan hast, sieh, wie sehr du mich verletzt. Du kannst kein guter Mensch sein. Du musst fürchterlich sein und wirst dich jetzt sehr schuldig fühlen (müssen) aufgrund dessen, was du getan hast." Ein Opfer zu sein heißt, auf eine bestimmte Weise zu kämpfen – möglicherweise mit dem Menschen, der dich zum Opfer gemacht hat, aber vielleicht auch mit einem anderen Menschen in deinem Leben, der dir etwas bedeutet.

Viele Opfer scheinen unfähig zu sein, über die Tatsache, dass sie zum Opfer geworden sind, hinaus zu gelangen. Im Hinblick darauf sind sie in einer Opfer-Verschwörung gegen sich selber gefangen. Wenn sie diese Verschwörung brechen (durch Bewusstwerdung, Heilung und Loslassen), ist der Faktor, der ihnen wirklich hilft, eine Veränderung herbeizuführen, die Bereitschaft dafür, dass sich eine Veränderung überhaupt ergeben könnte. „Wo es einen Willen gibt, gibt es einen Weg."

Die Beziehungs-Verschwörung

In der Beziehungs-Verschwörung hat sich Bedürftigkeit, besonders das Bedürfnis, etwas Besonderes zu sein, an die Stelle von Liebe gesetzt. Beziehungen, die auf dieser falschen Voraussetzung beruhen, verzehren die Menschen völlig.

Eine Beziehung ist eine Chance für beschleunigtes Wachstum und Lernen, und damit ist sie ein Lieblingsziel des Egos. Das Ego benutzt Beziehungen oft, um eine Verschwörung zu inszenieren. Anstatt eine Quelle von Liebe und ein Mittel zur Heilung von Schmerz und Trennung zu sein, wird die Beziehung eine zwanghafte Falle leidvoller Emotionen und Gefühle zu versagen. Wenn du andererseits in einer Beziehung bist, in der du wahres Joining, also echte Verbundenheit, erfährst, wird dich das auf jedem Schritt auf deinem Lebensweg voranbringen. Eine solche Beziehung kann der schnellste Weg sein, um zu wachsen und sich zu entwickeln.

Die Ödipus-Verschwörung

Wenn du dich durch die Beziehungsfalle hindurcharbeitest, weil du wirklich mit deinem Partner in Beziehung sein und Verbundenheit („joining") wieder und wieder und dann erneut wieder anstrebst, dann wirst du an einem Punkt auf ein chronisches unterbewusstes Muster stoßen, das die Ödipus-Verschwörung genannt wird.

Diese Falle hält dich von deinem Partner fern, weil du unaufgelöste, nicht abgeschlossene emotionale und sexuelle Themen mit deiner Familie hast.

Wenn du dich zum Beispiel noch nie mit sexuellen Gefühlen gegenüber dem Elternteil auseinandergesetzt hast, das andersgeschlechtlich ist als du, dann sind diese Gefühle verdrängt worden. Diese Gefühle werden ganz natürlich auf deinen gegenwärtigen Partner bzw. Partnerin übertragen und müssen an irgendeinem Punkt in der Beziehung thematisiert werden.

Wenn sie an die Oberfläche gelangen und du deine alten Gefühle zum entsprechenden Elternteil auf deinen Partner bzw. Partnerin überträgst, spürst du, dass du dich von ihm bzw. ihr nicht mehr länger angezogen fühlen kannst! Sexuelle Anziehung zu Mutter oder Vater zu spüren wäre ein Tabu – du würdest dich schuldig fühlen oder für verrückt halten. Sexuelle Gefühle gegenüber deinem Partner veranlassen jetzt, dass du Ekel oder Ablehnung empfindest, so dass schließlich alle sexuellen und emotionalen Gefühle absterben.

Das kann zu Dreiecksbeziehungen führen, zu emotionaler und sexueller Dürre in der Beziehung, zu Machtkämpfen (um Distanz zu schaffen) oder dazu, überhaupt keine Beziehungen zu haben. Es führt zur Blockade von Intimität und Nähe, und darüber hinaus zusätzlich zu einer ähnlichen Blockade von Erfolg.

Dabei handelt es sich um eine großartige Falle, weil der Prozess vollständig unterbewusst abläuft, und, da es ein Muster ist, das aus nicht verbundenen Familien entspringt und von den Ahnen immer weiter nach unten gereicht wird, jeden in der Familie betrifft.

Unter der Ödipus-Verschwörung ist die Dynamik von Konkurrenzdenken und -verhalten verborgen, die allerdings eine

Schlüsselrolle spielt. Wenn die Wettbewerbshaltung ausgelöscht ist, werden sogar die Leblosigkeit und die Abscheu gegenüber dem Partner bzw. der Partnerin durch Joining geheilt. Falls Menschen sich nicht dessen bewusst sind, dass die Ödipus-Verschwörung etwas ist, womit jeder zu tun hat, werden sie wahrscheinlich ihre Beziehung aufgeben und sich nach einer neuen umschauen, weil das Gefühl der wie abgestorben wirkenden Beziehung sie denken lässt, dass die Beziehung erledigt ist. Den Partner bzw. die Partnerin zu wechseln wird jedoch auch nicht helfen, weil dasselbe Dilemma in der neuen Beziehung eines Tages auch an die Oberfläche gelangt, vermutlich noch mit einem neuen Symptom dazu.

Diese Ödipus-Verschwörung muss durchgearbeitet und immer weiter und umfassender geklärt und gelöst werden, damit du und dein Partner bzw. deine Partnerin erfolgreich und ko-kreativ zusammenleben könnt. Sie muss in beiden von euch geheilt werden, damit ihr Führungsqualitäten entfaltet, damit ihr „Stars" seid, damit ihr wirklich schöpferisch lebt, Visionäre seid und sowohl Nähe als auch Sex genießt.

Die Familien-Verschwörung

Wir alle sind in gewisser Hinsicht in dieses Leben gekommen, um unserer Familie zu helfen. Doch neigen wir beim Versuch, ihnen zu helfen oder sie zu retten, häufig dazu, uns aufzuopfern. Aufopferung ist eine Art Falschgeld des Gebens, das unwirksam ist, zu Fusion oder verschwommenen Grenzen führt, das Schuld, Abwehr und Burnout ausbrütet und unsere Fähigkeit blockiert zu empfangen. Aufopferung ist eine Vorgehensweise, wie wir unsere Familie benutzen, uns zurückzuhalten. Auf der anderen Seite fühlen wir uns vielleicht so ausgebrannt davon, der Familie zu helfen, dass wir auf gegensätzliche Weise reagieren und sehr unabhängig und eigenständig werden. Dann trennen wir uns von unseren Familien und schaffen Distanz zwischen uns. Wir agieren dann so, als ob sie uns nichts mehr angingen – was genau die andere Form der Falle darstellt.

Diese Familien-Verschwörung, die in den tiefsten Schichten des Unterbewusstseins versteckt ist, erzeugt immer Schuldgefühle. Da wir meinen, wir hätten unsere Familie im Stich gelassen, fühlen wir uns natürlich schuldig. Die Herausforderung besteht hier darin, über die Verschwörung hinauszugelangen, entweder unsere ganze Familie auf dem Buckel zu schleppen oder uns völlig von ihr loszusagen. Wir können im Inneren jene Fähigkeiten und Gaben entdecken, die wir aus der Seelenebene mitgebracht haben, die das „Gegenmittel" für alle Familienprobleme sind.

* * *

Das Talente-Modell (The Gift Model)

Dieses Modell geht davon aus, dass jedes Problem eine Fähigkeit verbirgt, denn aus einer gewissen Sichtweise betrachtet hat sich das Problem überhaupt erst ergeben, um diese Gabe zu verstecken. Denn unser Ego fürchtet sich vor unseren Talenten und hat Angst, dass sie das Ego überwältigen, dass es die Kontrolle über das Leben verliert – und deshalb erzeugt es Probleme, um uns davon abzulenken, die Gaben zu erkennen.

Wenn wir sie erkennen und uns zu eigen machen würden, würden diese Gaben die Macht des Egos verringern. Sie würden manche seiner Mauern abschmelzen, weil sie auf natürliche Weise einen Energiefluss für uns und andere schaffen. Wenn wir unsere Fähigkeiten einsetzen, um anderen zu helfen, verbindet uns das mit ihnen und führt zu dem, was wir in der Psychologie der Vision „Joining" nennen (siehe Alphabetisches Verzeichnis).

Die unter einem Problem verborgene Gabe kannst du mit Hilfe deiner Intuition oder einfach mit dem Verstand erkennen, denn oft ist die Fähigkeit ganz einfach das Gegenteil der Art des erzeugten Problems. Zum Beispiel versteckt sich unter einem Herzensbruch vielleicht die Fähigkeit der Nähe oder der wahren Liebe.

Auch wenn wir unsere Gaben aus ganzem Herzen erkennen möchten, kann uns das den Zugang zu ihnen verschaffen. Wenn wir eine Gabe einmal erhalten und angenommen haben, kann man sie mit anderen teilen, um Situationen aus deren Vergangenheit oder Gegenwart aufzulösen und Energiefluss dort zu schaffen, wo sie stecken geblieben sind.

Es gibt in der Psychologie der Vision auch eine spezielle Technik, um eine Gabe zu finden, die wir „Das Öffnen der Tür" nennen, die uns erlaubt, unsere verborgenen Fähigkeiten wahrzunehmen und einzusetzen.

* * *

Kompensations-Modell (Compensation Model)

Viele von uns agieren wie gute, nette, schwer arbeitende Leute, um die eigenen negativen Ich-Konzepte zu kompensieren. Kompensation führt zu Leblosigkeit bzw. einem Gefühl des Abgestorben-Seins, zu Erschöpfung und Burnout, weil wir schlecht von einem bloßen Vorwand etwas empfangen können. Die meisten unserer Kompensationsmuster halten uns dazu an, auf scheinbar positive Weise zu leben und zu handeln, um unsere schlechte Selbstbewertung zu verbergen. Aber sogar unsere negativen Ich-Konzepte sind nur eine Kompensation für unsere *wahre* innere Güte bzw. für unser *SEIN*!

Wir bekommen keine Belohnung für all unser gutes Benehmen oder unsere harte Arbeit, denn unsere ganze Anstrengung ist lediglich ein Verteidigungs- und Abwehrmechanismus – eine Kompensation für Schuld und dunkle Glaubenssätze von uns selbst, ein Versuch, es so aussehen zu lassen, als ob wir am Ende doch gar nicht so übel sind.

Das erklärt auch, warum uns negative Dinge zustoßen, obwohl wir so gut und nett aussehen. Wir lassen sie geschehen, damit wir uns für die Schuld bestrafen können, die aus diesen negativen Anschauungen über uns selbst herrühren. Diese dunklen Glaubenssätze sind jedoch tatsächlich wiederum selber nur Kompensationen, die unsere wahre Güte, Unschuld und unser Sein an sich verstecken sollen, welche das Ego ängstigen und bedrohen.

Ein simples Modell könnte so aussehen:

Gutes Benehmen – Kompensation für
Dunkle Ich-Vorstellung – Kompensation
Wahre Gutheit und Güte und SEIN

* * *

Modell der Lebensgeschichte *(The Life Story Model)*
Dieses Modell zeigt Schlüsselmuster der Seele, die uns beeinflussen, ohne dass wir es bemerken. Wenn wir einmal bestimmte Geschichten – positive wie negative – ausgewählt haben, leben wir nach ihren „Skripten" oder „Drehbüchern". Selbst wenn wir die Energiedynamik eines bestimmten Problems klären und lösen, wird das nichts bringen, solange darunter immer noch ein nicht aufgelöstes dunkles Drehbuch seine Wirkungen ausübt. Manchmal haben wir Dutzende gleichartiger oder verwandter dunkler Geschichten laufen. Deshalb ist es wesentlich, ähnliche Geschichten alle zusammen zu bereinigen, wenn immer das möglich ist. Die dunklen Skripte drehen uns in eine Todesausrichtung, und meistens bestehen sie nur deshalb, weil wir uns

ihrer ständigen Existenz nicht bewusst sind. Wenn wir sie einmal entdeckt haben, können wir uns neu und anders entscheiden und diese alten Drehbücher leicht loslassen. Dann können wir stattdessen neue, positive Geschichten auswählen.

Hier sind einige wenige der dunklen Lebensskripte:
- Alles geht schief-Story
- Aufopferungs-Story
- Ausgenutzt werden-Story
- Bedürftigkeits-Story
- Beschwerden und Klage-Story
- Betrogen werden-Story
- Festhalte-Story
- Gebrochenes Herz-Story
- Geiz- und Habgier-Story
- Harte Arbeit-Story
- Horror-Story
- Ich habe ihr Leben ruiniert-Story
- Immer Pech haben-Story
- Konkurrenz-Story
- Leblosigkeits-Story
- Mangel-Story
- Miese Einstellung-Story
- Nicht gut genug-Story
- Opfer-Story
- Rache-Story
- Rebellen-Story
- Schuld-Story
- Schweres Schicksal-Story
- Seifenoper-Story
- Sich ungeliebt fühlen-Story
- Todessehnsuchts-Story

- Tragisches Leben-Story
- Übeltäter-Story
- Verlorene Kindheit-Story
- Versagens-Story
- Wut- und Ärger-Story

Zu den positiven Skripten zählen:
- Abenteuer-Story
- Deinen Sinn verwirklichen-Story
- Erfolgs-Story
- Erlösungs-Story
- Ernte-Story
- Freundschafts-Story
- Friedens-Story
- Fülle-Story
- Glück haben-Story
- Glücklich sein-Story
- Gnaden-Story
- Heilungs-Story
- Held/in-Story
- Humor-Story
- Inspirations-Story
- Komödien-Story
- Lehrer Gottes-Story
- Leuchtender Stern-Story
- Liebes-Story
- Nähe und Intimitäts-Story
- Partnerschafts-Story
- Pionier-Story
- Schicksals- und Bestimmungs-Story
- Schönes Leben-Story
- Service-Story

- Sieges-Story
- Spirituelle Odyssee-Story
- Tantrik-Story
- Wahre Liebe-Story
- Wunder-Story

* * *

Das Familien-Modell *(The Family Model)*
Wir sind in dieses Leben geboren worden, um unsere Familien zu retten. Genau die Probleme, die unsere Eltern und Geschwister hatten, die uns gequält haben, waren die Themen, um derentwillen wir gekommen sind – um sie mit den Gaben und Fähigkeiten zu heilen, die wir gerade dafür von der Seelenebene mitgebracht haben. Wenn wir diese Talente erkennen und das auflösen, was sich als komplizierte oder sogar völlig unmöglich zu lösende Familienprobleme präsentiert, dann verwirklichen wir den Plan und leben, um unsere Aufgabe zu erfüllen, und leisten den Beitrag, den zu leisten wir gekommen sind.

Falls wir die Probleme unserer Eltern und Geschwister nicht lösen, werden wir sie „erben", also übernehmen. Wir können die Probleme heilen, indem wir eine neue Ebene der Verbundenheit in der Familie etablieren, damit die Getrenntheit und die daraus entstehenden Probleme wegfallen.

Wo wir Aufopferung, Abspaltung oder Abhängigkeit erleben, zeigt das, dass wir diese Familienthemen noch nicht abgeschlossen haben. Wenn wir als Kind in unserer Mitte gewesen wären, hätten wir auf schmerzliche oder problematische Situationen mit unseren Seelenfähigkeiten reagiert, mit Liebe oder Gnade, und so Heilung bewirkt. Als wir jedoch unsere eigene Mitte verlassen haben, um zu versuchen, einem Familienmitglied zu helfen, haben wir uns in die Opferrolle begeben und dadurch Bedürftigkeit, Leid und Schuld ausgelöst. Wir fingen an, in einen Zustand der „Fusion", der Verschmelzung, in nur scheinbare Nähe mit diesem Familienmitglied zu geraten, und verloren dabei unsere Individuation und verstärkten nur unsere Abwehr. Als wir uns beim Versuch zu helfen noch weiter aufopferten, führte das schließlich zum Burnout. An diesem Punkt wurden wir dissoziiert und unabhängig und handelten, als ob uns alles nichts ausmachte (obwohl das nur eine Kompensation dafür war, wie sehr wir in Wirklichkeit Anteil nahmen).

Unabhängigkeit, Aufopferung und Abhängigkeit sind drei Hauptrollen (siehe auch Kapitel 8). Sie sagen etwas über nicht abgeschlossene Trauer, über verlorene Verbundenheit und Verbindung aus und bestimmen unsere eigenen Familienmuster. Unsere Rollen und unsere Familienmuster entstehen aus unseren Seelen- und Ahnenmustern, die unsere negativen Beziehungsmuster bestimmen. Diese Beziehungsmuster werden wiederum zu unseren Opfermustern. Unter unserer (vermeintlichen) Unabhängigkeit und unserem Opfer hegen wir Groll und erheben wir Anklagen, und darunter liegt der Schmerz, der uns weitergegeben wurde.

Wiederum darunter sind Versagensängste und Schuldgefühle, dass wir unsere Familie nicht geheilt haben. Und unter dieser Schicht von Schuld, die leider nur wenige Menschen heilen, liegen schließlich die Seelengaben, die auf uns warten und bereit sind, zur Heilung der nicht abgeschlossenen Muster in uns und unseren Familien eingesetzt zu werden.

Das alles findet auf der zwischenmenschlichen Ebene in unseren Beziehungen statt und wird dort wieder aufgerollt und abgespielt.

Auf einer intrapsychischen Ebene repräsentieren unsere Familienmitglieder Schlüsselanteile unseres Bewusstseins, die wir bewertet, verurteilt und abgespalten haben. Wenn wir heilen und uns und unsere Familienmitglieder integrieren und ihnen verzeihen, tauchen neue Seelengaben für uns und unsere Familie auf. Das, was ein einzelnes Mitglied als Fähigkeit zur Heilung bekommen hat, wird nun von allen anderen in der Familie geteilt. Wenn sich diese Integration auf der Seelenebene ereignet, werden wir alle erfolgreicher und liebevoller. Schritt für Schritt nehmen wir unseren Lebenszweck und unsere Aufgabe mehr an und verkörpern sie im Alltagsleben.

Andere Modelle

Die Psychologie der Vision verwendet eine Vielzahl weiterer Modelle, die wir in einer solchen Einführung nicht darstellen möchten. Einem zentralen Modell, dem Dreiecksmodell, ist jedoch ein eigenes Kapitel gewidmet. Es handelt sich dabei um ein Modell psychologischer und spiritueller Schritte, die wir auf dem Weg zur Einheit und Ganzheit machen.

6. Übersicht über Methoden und Techniken

Zur Arbeit in den verschiedenen Schichten des Geistes
auf den Ebenen des Bewusstseins,
des Unterbewusstseins und des Unbewussten

Die Kurse und Trainings der Psychologie der Vision sind so angelegt, dass sie Ausbildungs- und Programmworkshops mit Gruppenprozessen bzw. gruppentherapeutischen Erfahrungen integrieren. Dabei verwenden wir eine Vielzahl von Methoden und Techniken; experimentelle, transformatorische und instruktive Elemente spielen ihre jeweils ganz spezifische eigene Rolle in den individuellen und gruppenorientierten Prozessabläufen von Wandlung, Heilung und Wachstum.

Dieses Kapitel dient sowohl dazu, die Methodenvielfalt in der Psychologie der Vision deutlich zu machen, als auch der Hilfestellung für Teilnehmer und Teilnehmerinnen an Vorträgen, Seminaren und Trainings, um sich leichter orientieren zu können. Einige der Schlüsselmethoden werden aufgeführt und kurz umrissen, viele weitere können im Rahmen dieser Einführung in die Psychologie der Vision nur namentlich erwähnt werden. Die Methoden und Techniken sind zur besseren Unterscheidung benannt worden, ohne damit ausdrücken zu wollen, dass es sich um feststehende Fachbegriffe handeln würde.

Ahnen-Heilung: Negative Muster, die durch Generationen unserer Familie weitergereicht wurden, werden mit Hilfe einer Reihe von Techniken transformiert, um so Themen und Probleme in der Gegenwart zu klären und zu lösen. Diese Probleme oder Themen können sich in jeder Generation sowohl in ähnlichen als auch in ganz unterschiedlichen Symptomen zeigen.

Aufgabe finden: Wenn wir unseren Lebenssinn, unsere Seelenaufgabe oder Bestimmung entdecken und annehmen, werden die meisten Probleme in unserem Leben von uns abfallen. Die Probleme, die übrig bleiben, sind jene, die wir lösen müssen, um die Lektionen zu lernen, die notwendig sind, um unsere Aufgaben erfüllen zu können.

Bindungsbereitschaft entwickeln: Das bedeutet, sich einer Beziehung oder einem Vorhaben ganz und gar zu widmen. Als Folge entstehen Wahrheit, Partnerschaft, Erfolg und Freiheit auf einer ganz neuen Ebene.

Bonding: Wir wenden unterschiedliche Techniken an und nehmen eine Verbindung auf zwischen uns und anderen, und zwar auf eine spezifische Weise, so dass Trennung und Probleme abfallen und neue Ebenen von Intimität und Erfolg auftauchen. Alle Probleme entstehen als Konsequenz von Getrenntheit und können durch „bonding" gelöst werden.

Centering: Das vollzieht sich, indem man das höhere Bewusstsein bittet bzw. auffordert, uns an einen Ort des Friedens, der Unschuld und Gnade zu versetzen. Dieser Vorgang wird so lange wiederholt, bis Verbundenheit („bonding") wieder hergestellt ist, das Problem sich auflöst und neue Ebenen von Liebe und Glück auftauchen. Das kann sogar so weit gehen, dass sich alles in der Szene oder dem inneren Bild in Liebe und Licht verwandelt. Centering ist eine sehr wirksame Methode, um leidvolle oder dramatische persönliche Traumata der Vergangenheit zu heilen. Diese Technik klärt die Vergangenheit und die Gegenwart und befreit gleichzeitig die Zukunft.

Den nächsten Schritt machen: Diese Methode geht davon aus, dass alle unsere Probleme das Resultat von Angst vor dem nächsten Schritt im Leben sind. Während wir im Prozess symbolisch oder metaphorisch in unserem Leben vorwärtsgehen, wird die Angst aufgelöst, die uns davor zurückhält, den nächsten Schritt zuzulassen, und den Erfolg, der diesen nächsten Schritt begleitet, so daran hindert, sich zu zeigen.

Der Prozess des „Lesens": Damit ist das synchronistische Verständnis und die angewandte Bewusstheit darüber gemeint, dass alles miteinander verbunden ist. Der Mikrokosmos wird den Makrokosmos spiegeln, während sich der Prozess der Entfaltung des individuellen Lebens vollzieht. Die Bewusstheit dieses Vorgangs erlaubt es uns, auf den Wellen zu reiten und dabei die Klippen und Riffe zu vermeiden. Es gibt eine Vielzahl von Techniken des „Lesens". Dazu gehören: eine Person in der Gruppe auszuwählen, welche das Gruppenbewusstsein und die wichtigsten Gruppenthemen spiegelt, oder eine Karte unter einer Vielzahl auszuwählen, welche die verborgenen oder offensichtlichen Energieprozesse einer Situation beschreibt, oder einfach zu beobachten, wie eine Person oder die Gruppe sich in der Seminarsituation verhalten.

Die Führungs-Methode: Eigene Führungsqualitäten zu entdecken und einzusetzen ist ein Weg, sich durch Ich-Befangenheit, Eigenblockade und Autoaggression, durch negative Emotionen oder vielschichtige Probleme hindurch zu bewegen. Wenn wir mit negativen Gefühlen oder Situationen konfrontiert werden, fragen wir uns einfach: „Wer braucht meine Hilfe?" Falls wir die Person, die uns in den Sinn kommt, auf irgendeine Weise unterstützen – und sei es sogar „nur" dadurch, dass wir ihr Liebe senden –, dann wird die Blase unserer Eigenangriffe, Leiden oder Probleme (oder zumindest eine Schicht davon) platzen, weil uns diese Person jetzt wichtiger wurde als die Angelegenheit, die uns zurückgehalten hat.

Die intuitive Methode: Mit dieser Technik kann man Antworten, innere Führung und verborgene Faktoren des Bewusstseins herausfinden. Die intuitive Methode besteht ganz schlicht darin, die Worte zu sagen, „Falls du das wissen könntest …" oder „Falls es mir möglich wäre, das zu wissen …" In dieser Methode steckt dieselbe Kraft wie in Hypnose, um verdrängte Inhalte zu finden, die zur Heilung bereit sind, jedoch ist sie einfacher durchzuführen. Mit ihrer Hilfe können wir unser Alltagsbewusstsein einsetzen, um das zu entdecken, was in unserem Geist verdrängt oder unterdrückt worden ist.

Eigenverantwortung übernehmen (Accountability): In Verbindung mit der intuitiven Methode hilft uns dieser Ansatz, die versteckten Motive und die dynamischen Energieprozesse unserer Probleme festzustellen. Indem wir unsere Verantwortung akzeptieren, lösen wir uns von Schuldzuweisung (einschließlich der Schuldzuweisung an uns selber), und wir können leicht neue Entscheidungen treffen.

Fokusperson finden: Das ist eine speziell im Rahmen der Psychologie der Vision entwickelte Methode, die sich der Synchronizität bedient, um eine/n Seminarteilnehmer/in auszuwählen, der oder die Heilung und Heilungsthemen für die gesamte Gruppe wie in einem Brennpunkt in sich spiegelt. Der Prozess der Fokusperson reflektiert den Prozess des Gruppenprozesses.

Während die Fokusperson heilt und vorwärtsgeht, entfaltet sich in der Gruppe derselbe transformatorische Energiefluss.

Gaben annehmen und geben (Gift Giving): Grundlage dieser Methode ist die Einsicht, dass hinter oder „unter" jedem Problem eine Gabe, eine Fähigkeit, ein Talent bzw. eine Begabung steckt. Das Ego versucht, diese Tatsache zu verbergen, denn wenn wir dieses Geschenk hinter dem Problem annehmen und es mit anderen teilen, dann würde das Ego etwas von seiner Stärke und Macht verlieren, und ein kleines Bisschen würde abschmelzen. Wenn die Gabe entdeckt und angenommen wird, fallen Ärger, Abwehr und Ablenkung, welche das Ego inszeniert, um seine eigene Existenz zu stärken, von uns ab. Die Gabe, die wir geben und teilen, befreit andere von deren Leiden und Problemen und stärkt auch die Kraft der Gabe in uns und für uns selber. Diese Methode des „Gaben geben" ist besonders wirksam bei der Transformation von Traumata, beim posttraumatischen Stress-Syndrom und für die Ahnenheilung. Man kann sie auch als Übung zur Aufnahme verlorener Verbindungen („bonding") anwenden.

Geben: Alle unsere Probleme existieren, weil irgendetwas vorhanden ist, das wir der Situation nicht geben. Wenn wir feststellen, was das ist, und es geben, klärt sich das Problem, und wir beginnen, in diesem Bereich zu empfangen. Geben ist häufig ein Ansatz, der bei Heilungsübungen für Beziehungen verwendet wird.

Gefühle spüren: Alle Probleme hängen mit negativen Gefühlen oder Emotionen zusammen. Bei dieser Methode machen wir uns einfach die Emotionen bewusst, die wir fühlen, wir spüren sie so rasch und deutlich wie möglich (ohne sie in irgendeiner unreifen oder zerstörerischen Weise auszuagieren). Wenn wir uns dafür entscheiden, die Emotionen anzuschauen und zu erkennen, die wir gehegt haben, und wenn wir dann unsere Aufmerksamkeit darauf lenken, so erlaubt uns dieser Vorgang, sie „schmelzen" zu lassen und davon frei zu sein.

Gnade anwenden: Hinter dem Vorgang, Gnade zu erbitten und anzuwenden, steht die Erkenntnis, dass die Hilfe des Himmels uns in jeder Situation beisteht und auch bewusst und unmittelbar angerufen werden kann, um die Leichtigkeit und transformative Kraft einzubringen, die uns das vollbringen lässt, was notwendig ist.

Integration: Alle Probleme sind Resultate von Konflikten. Jede Heilung hat damit zu tun, unvereinbare Absichten, Ziele, Gefühle und Bewusstseinsanteile miteinander zu verbinden („joining"). Das vollzieht sich auf eine solche Weise, dass die integrierten Energien positiv werden (sogar die ursprünglich negativen Energien) und sich daraus das Beste beider Welten ergibt. Damit wird das, was zuvor negativ war, sozusagen zu einer Impfung gegen ähnliche negative Faktoren und Situationen in der Zukunft.

Joining (innige Verbundenheit aufnehmen und zulassen): Diese Methode bringt eine unmittelbare Erfahrung höherer Liebe mit sich, die sich dem gegenüberstellt und das durch eine reinigende emotionale Lösung alles auswäscht, was nicht Liebe ist. Joining wird oft in einer Dyade, also in einem Zweierbezug durch direkten Augenkontakt praktiziert. In den Seminaren der Psychologie der Vision erfolgt Joining sowohl zwischen dem Seminarleiter und den Teilnehmern als auch unter den Teilnehmern. Durch die Wahrnehmung und Anerkenntnis von Einheit und Eins-Sein und die Ablehnung von Trennung wird echte Beziehung begründet, und die Teilnehmer erleben den anderen als sich selbst. Die Methode des Joining macht es möglich, dass mehrere Schichten negativer Emotionen abfallen und sich die Erfahrung von Liebe und Gnade entwickelt. Joining kann der Erfahrung von Liebe erlauben, so anzuwachsen, dass Wunder der emotionalen Heilung geschehen können. Durch die Erfahrung von Wundern verändert sich die Wahrnehmung von horizontaler Bewusstheit[7] zur vertikalen Bewusstheit unserer Verbindung mit dem Geist Gottes.

Loslassen: Mit dieser Technik lösen wir Bedürftigkeit, negative Bindungen, Ängste, Suchtverhalten, Ärger, Bewertungen, Schuld, Erwartungen, Kontrollzwang und so fort. In der Psychologie der Vision gibt es zahlreiche Einzeltechniken zum Loslassen. Jedes Mal, wenn wir vorwärtsgehen, kann etwas Besseres und Wahrhaftigeres auf uns zukommen. Jede Lösung beseitigt ein Stück Trennung zwischen uns und anderen und auch in der Beziehung zu uns selber.

Projektionen heilen: Damit ist gemeint, dass wir bestimmte, meist negative (manchmal jedoch auch positive) Eigenschaften uns wieder zu eigen machen, die wir zuvor bei uns selbst bewertet, verdrängt und dann einem anderen Menschen angeheftet haben. Indem wir feststellen, dass wir eine andere Person dafür verurteilen, sich so zu verhalten, wie in Wirklichkeit wir selber es tun (obwohl wir uns vielleicht infolge einer Kompensation genau entgegengesetzt verhalten), fällt es uns leicht, diesen Menschen mit neuem Mitgefühl zu betrachten. Anstatt die Person zu bewerten, geben wir ihr nun Unterstützung auf eine solche Weise, dass die negative Eigenschaft abfällt und eine neue Ebene von Verbindung („bonding") auftaucht.

Rollenspiel: Rollenspiele machen es möglich, Probleme zu lösen und Beziehungen aufzubauen, die Menschen betreffen, die beim Seminar etc. nicht persönlich körperlich anwesend sind. Es gibt eine Reihe von Konzepten von Rollenspielen.

---

7 des Bezugs zur Außenwelt; Anm. d. Ü.

Schatten heilen: Eine Schattengestalt ist ein dunkles Ich-Konzept, das wir hassen und oft auf jemanden in unserer Umwelt projizieren. Verschiedene Prozesse stehen zur Verfügung, um Schatten zu heilen.

Sich entscheiden (Choice): Diese Methode erlaubt uns, die Konsequenzen zu betrachten, wenn wir entweder den Vorschlägen des Egos oder jenen des höheren Bewusstseins folgen. Sie wird in Situationen angewandt, wo wir der Führung des Egos zu unserem Schaden gefolgt sind (zur Erinnerung: Jede „Lösung", die das Ego anbietet, führt zu einem neuen Problem, was wiederum zu noch weiteren Problemen führen wird, die noch verwickelter sind). Man kann jedoch neue Entscheidungsmöglichkeiten entdecken bzw. Alternativen mit der Hilfe des höheren Bewusstseins erzeugen.[8]

Um ein Wunder bitten: Wunder entstehen aus der Erkenntnis, dass selbst in der kompliziertesten und unmöglichsten Situation, die wir geschaffen haben, sich der Himmel uns immer zuwendet und uns immer Liebe und Hilfe anbietet. Um ein Wunder zu bitten bedeutet, dass wir uns für diese Unterstützung öffnen und sie nutzen.

Vergebung: In dem Maße, wie wir Groll loslassen, verbinden wir uns wieder mit anderen Menschen. Das ist das zentrale Heilprinzip. Es gibt eine Vielzahl von Methoden und Techniken, die aus diesem besonderen Prinzip der Vergebung oder Verzeihung entwickelt wurden.

---

[8] „Choice" ist ein besonderer Begriff, der in der Psychologie der Vision vor allem „Entscheidung" meint; man könnte es ab und zu auch mit dem Begriff „Du hast die Wahl" übertragen; Anm. d. Ü.

Verständnis entwickeln: Dieser Vorgang offenbart die verborgenen Faktoren, die Leid auflösen und Bonding wieder herstellen können. Die Technik der Entwicklung von anteilnehmendem Verstehen heilt Angst, Missverständnisse, Verlust, das Gefühl, ungeliebt zu sein, und so fort. Es lassen sich unterschiedliche Ansätze verwenden, um das Verständnis eines Menschen zu entwickeln und die fehlenden Elemente zu finden, die zu Freiheit führen.

Vertrauen entwickeln: Dabei nutzen wir die Kraft des Geistes auf positive Weise und wissen, dass das uns betreffende Ergebnis positiv sein wird, gleich, wie die Angelegenheit im Moment aussieht. Es gibt auch hier unterschiedliche Techniken, Vertrauen zu entwickeln und zur Lösung von Problemen einzusetzen, das grundlegende Prinzip besteht jedoch darin, den Menschen oder Situationen, um die es geht, unser volles Vertrauen zu schenken. Es ist eine Wahl, für die wir uns entscheiden, unseren Geist auf positive Weise zu „investieren".[9]

Vision erfahren: Man erfährt und empfängt eine Vision; Antworten, Führung und Lebenssinn zeigen sich auf einer vollständig neuen Ebene. Vision kann sich ereignen aufgrund von Sehnsucht, genereller Bereitwilligkeit, sich auf das Leben einzulassen, sowie der Bereitschaft, sich für Empfangen und Geben ganz zu öffnen.

Weitere Methoden und Techniken sind:
Annehmen (Akzeptanz)
Anwendung von heilenden Archetypen
Arbeit auf Ebenen
Arbeit mit Schichten

---

[9] *Trust the process* – dem Prozess vertrauen: Das ist auch eine Grundlage für den therapeutischen Erfolg und den Erfolg der Teilnahme an Seminaren der Psychologie der Vision. Anm. d. Ü.

Auf Hilferufe antworten
Bereitwilligkeit entwickeln
Das Astrale heilen
Das Schwert der Wahrheit
Den Energiefluss finden
Demaskierungs-Technik
Die 5-Warums-Technik
Dunkle Geschichten (Skripte) heilen
Eine spirituelle Gestalt rufen und einbringen
Energie-Heilung
Exorzismus
Familien- und Verwandtschaftsstellen
Fokussing
Geführte Phantasiereisen
Geschlossene Türen wieder öffnen
Heilen durch andere Dimensionen
Heilung anderen Lebens
Hilfe durch Karten
Introjektion und Kompensation heilen
„Nimm-Zehn"-Übung
Persönliche Mythen heilen
Prozesse mit geschlossenen Augen
Selbsthingabe
Trainers Work
Transformations-Kommunikation
Traumtherapie-Methoden
Verbindung aufnehmen („Connecting")
Verschwörungen heilen
Werte erfassen, Wertschätzung und Dankbarkeit
Zur Mitte gehen

7. Schritte zur Einheit: Das Triangle-Modell

Das „Triangle Model" oder Dreiecksmodell ist eine Landkarte der Psychologie der Vision von der Entfaltung unseres Bewusstseins. Sie zeigt die psychologischen Schritte auf der Reise zurück zur Ganzheit bzw. Einheit, die unser natürliches Geburtsrecht ist. Es ist ein Modell der menschlichen Entwicklung, das im Verlauf von über 30 Jahren während unserer beruflichen Arbeit als Therapeuten mit Tausenden von Menschen rund um die Welt und auch aufgrund unserer persönlichen Erfahrungen entworfen wurde.

Wir möchten ausdrücklich darauf hinweisen, dass die folgende Darstellung nur einen ersten Blick auf ein sehr komplexes, treffendes und wirkungsvolles Modell erlaubt, das für die Arbeit der Psychologie der Vision von zentraler Bedeutung ist. In manchen Kursen wird dieses Modell eingehend behandelt, wobei eine detaillierte Skizze zur Verfügung gestellt wird. In der näheren Zukunft wird auch ein Buch erscheinen, das nur diesem Modell gewidmet ist. Diese Einführung in die Grundlagen der Psychologie der Vision wäre jedoch unvollständig, wenn wir das Dreiecksmodell an dieser Stelle nicht wenigstens in seinen Grundzügen darstellen würden.

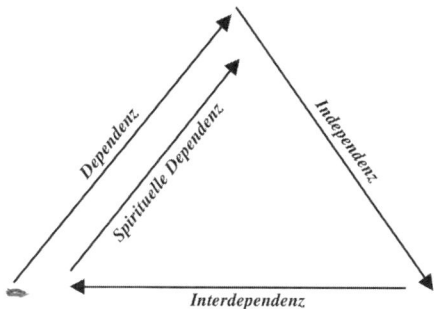

Die linke Seite des Dreiecks repräsentiert unseren Reisebeginn durch Dependenz, also Abhängigkeit; die rechte Seite stellt die nächste Ebene dar, die Independenz oder Unabhängigkeit; die untere Seite repräsentiert Interdependenz oder gegenseitige Abhängigkeit oder, positiv ausgedrückt, echte Partnerschaft; und die vierte Ebene links innen bezeichnet spirituelle oder radikale Dependenz.

In der grafischen Darstellung des Modells in diesem Buch sind nur die Grundstufen jedes Abschnitts und die Schlüsseleigenschaften zur weiteren Entwicklung abgebildet. In den größerformatigen Drucken ist eine Fülle von Einzelinformationen den jeweiligen Abschnitten und Stufen zugeordnet.

Die Reise durch das Dreieck dient als Modell für jede neue Situation, der wir begegnen, und für jede Beziehung, die wir beginnen. Wir können das Modell benutzen, um Beziehungen zu erforschen, solche mit unserer Familie, aber auch unser Verhältnis zur Arbeit, zu uns selbst und sogar zu unserem Schöpfer/Gott/Universellen Geist oder das, woran wir sonst glauben mögen.

Das Dreieck bietet für unsere Reise Wegweiser an zum Erfolg in jedem Lebensbereich, individuell und kollektiv. Diese kurze

Beschreibung des Dreieckmodells enthält einen Überblick über die vier Hauptstadien, in die das Dreieck aufgeteilt ist, bietet jedoch keine detaillierte Information über alle Blockaden oder alle Hilfen, um diese zu überwinden.

Die positiven Qualitäten sind besonders nützlich in dem Stadium, in dem sie genannt werden, aber ihr Nutzen erstreckt sich auf die gesamte Reise. Ähnlich zeigen sich die negativen Aspekte nicht nur dort, wo sie erwähnt werden, aber dort können sie besonders wirkungsvoll geheilt werden.

* * *

Abhängigkeit (Dependence) *Opferhaltung*

Allgemeine Bedürfnisse: Umsorgt zu werden, sich zugehörig fühlen zu können, geliebt zu sein (im Sinne, dass unsere Bedürfnisse erfüllt werden), von anderen bestätigt zu werden.

3. Schuld – Vergebung
2. Herzensbruch – Akzeptanz
1. Bedürfnisse – Verständnis

Linke Seite des Dreiecks: Dependenz
Abhängigkeit – Das unwahre Weibliche

Allgemeine Angst: Nicht umsorgt zu werden, nicht gut genug zu sein oder nicht hineinzupassen, verlassen zu werden; missachtet, zurückgewiesen oder geächtet zu werden.

Durchbruch[10]: Lernen, als Individuum auf eigenen Füßen zu stehen, sich selbst verstehen und sich aktiv einbringen; geben und vergeben.

---
10 im Englischen wörtlich „Way through", also *Weg hindurch*; Anm. d. Ü.

Die Abhängigkeitsseite des Modells spiegelt den Beginn unserer Reise, wie wir uns als Kleinkinder und Kinder in Beziehungen erleben, und manchmal auch als junge Erwachsene. Wir sind für unser Überleben und für unser körperliches und emotionales Wohlergehen von unseren Eltern abhängig, von unseren Familien und den Menschen um uns herum. Falls sich unsere Eltern oder andere Menschen, die damit zu tun haben, sich nicht so um uns kümmern, wie wir es wünschen, dann fühlen wir uns als Opfer. Opferhaltung und Leiden ist unsere Art und Weise, wie wir ihnen auf unzweideutige Weise zu verstehen geben, dass es ihr Fehler ist, dass wir leiden und sie es nicht richtig machen.

In dieser Wachstumsphase fühlt man sich manchmal, als ob es ständig nur bergauf ginge. In diesem Stadium hilft es, dass wir uns ganz und gar für etwas einsetzen und voller Energie und Fleiß an einer Sache dranbleiben. Hier legen wir die Fundamente für unser Leben. Dieser ganze Teil unserer Reise hat in erster Linien damit zu tun, dass wir lernen, unser Verhalten an unsere unmittelbare Umwelt und an die Welt allgemein anzupassen – und zwar auf eine solche Weise, dass weder wir noch andere zu Opfern werden.

Dies ist die Ebene, auf der wir das „unwahre Weibliche" heilen können. Das ist jener zum Opfer gewordene Teil unserer selbst, der von anderen auf unechte Weise abhängig ist. In diesem Stadium können wir auch zu „Tätern" werden, also Menschen, die andere zu „Opfern" machen, weil wir vielleicht versuchen, unsere Bedürfnisse erfüllt zu bekommen und uns vor Verlust, Herzensbruch oder Schuld zu retten. Wir fühlen dann, dass jede Form von Angriff oder Aggression unsererseits gerechtfertigt ist aufgrund unserer Schmerzen oder aufgrund der schlimmen Verhaltensweisen von Menschen in unserer Umwelt.

Formen der abhängigkeit

Bedürfnisse – Das erste Stadium der Abhängigkeit
Innerstes Bedürfnis: Bemuttert und bevatert zu werden; umsorgt zu sein; von einer größeren Gruppe aufgenommen zu werden.

Innerste Angst: Verlassen zu werden, nicht dazuzugehören oder umsorgt zu sein, geächtet zu werden.

Durchbruch: Verständnis und Verstehen, Liebe und Bonding, selber andere dazugehören zu lassen; Bereitschaft, auf eigenen Füßen zu stehen und die Menschen um uns herum nicht zu benutzen.

Herzensbruch – Das zweite Stadium der Abhängigkeit
Innerstes Bedürfnis: Als besonderer Mensch behandelt zu werden (alles andere Verhalten wird als Zurückweisung empfunden).

Innerste Angst: Zurückweisung, ungeliebt zu sein, Betrug.

Durchbruch: Akzeptanz, die Herausforderungen annehmen, Mut, sich selbst aktiv einsetzen.

Schuld – Das dritte Stadium der Abhängigkeit
Innerstes Bedürfnis: Sich unschuldig zu fühlen und sich vor Schuld zu bewahren durch Idealismus und Kompensation.

Innerste Angst: Wir sind nicht nur *nicht* gut, sondern wir sind schuldig, weil jeder Fehler in der Welt unser Fehler ist. Sogar unsere Kompensation dafür (gut zu sein, hart zu arbeiten und idealistisch zu sein) reicht nicht aus, damit wir uns unschuldig fühlen.

Durchbruch: Vergebung, Verzeihung, geben, Unterstützung, wahres Geben, „Gutheit".

* * *

Unabhängigkeit (Independence)

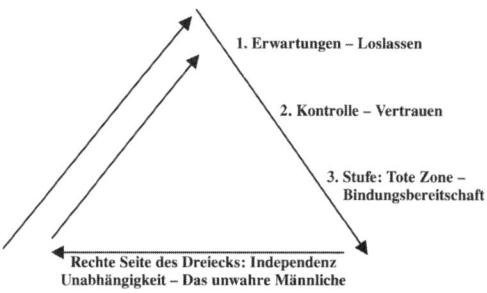

Allgemeine Bedürfnisse: Erfolgreich zu sein, nicht mehr von anderen zur Erfüllung von Bedürfnissen oder Bestätigung abzuhängen, um jeden Preis ein Individuum zu sein.

Allgemeine Angst: Bedürftig zu sein, zum Opfer zu werden, wieder eifersüchtig zu werden oder erneut einen Herzensbruch zu erleiden; wieder in eine Opferhaltung gehen zu müssen, um Bestätigung durch andere zu erlangen.

Durchbruch: Partnerschaft, „joining" mit anderen (sich mit anderen energetisch verbinden), Hingabe; erkennen, dass die Gefühle und Bedürfnisse anderer Menschen wichtige Elemente für Erfolg sind.

Nachdem wir zum Opfer geworden sind und viel gelitten haben, kommt ein Punkt, an dem wir uns weigern, noch einmal wieder ein/e eifersüchtige/r, emotionale/r Sklave/in mit gebrochenem Herzen zu sein. In einer Anstrengung, selbständig zu werden und uns vom Leid zu befreien, dass wir andere brauchen, entwickeln wir uns in die Unabhängigkeit.

Leider ist der Hauptteil dieser „Unabhängigkeit" meist nur eine Dissoziation, eine Abspaltung unseres Leidens, unserer Bedürftigkeit und unserer Opfererfahrungen – die nun vor unserer bewussten Wahrnehmung durch Unterdrückung und Verdrängung versteckt werden. Wir haben uns jetzt vom Stadium des „unechten Weiblichen", des Opfers, in das Stadium des „unechten Männlichen", des unabsichtlichen Täters, begeben. Obwohl wir keinen mit Absicht verletzen wollen, können wir das doch nicht verhindern, da wir von unseren Gefühlen abgespalten, und damit uns auch nicht der Gefühle der anderen Menschen bewusst sind. Üblicherweise verletzen wir jetzt andere im selben Ausmaß, wie wir verletzt wurden, als wir im Stadium der Abhängigkeit waren. Die Strategie einer unabhängigen Person besteht darin, in problematischen Situationen entweder die Kontrolle zu erlangen oder wegzugehen.

Wenn wir dieses Dreiecksmodell als einen Berg betrachten, dann führt die Bewegung von der Seite der Abhängigkeit (der linke Hang des Berges) zur Unabhängigkeit (die rechte Seite) zu einer komplett anderen Sicht der Welt. Wenn wir auf der Seite der Abhängigkeit sind, wollen wir meistens, dass alles nach unserem Willen geschieht. Die Spielregeln des Lebens haben sich jedoch verändert. Wenn wir den Berg hinaufklettern, haben wir uns eingesetzt, indem wir eine Bergsteigerausrüstung benutzt haben. Jetzt geht es abwärts, und wir benutzen sozusagen Skier. Wenn wir auf der rechten Seite des Modells bergabwärts gehen, besteht die Hauptlektion für jedes Vorwärtskommen darin, dass wir nicht länger harte Arbeit leisten und Einsatz zeigen müssen, sondern uns hingeben sollen, mit dem Fluss schwimmen und jene wahre Art von Geben praktizieren, die uns erlaubt zu empfangen.

Im Stadium der Unabhängigkeit (in dem wir nur unechte Unabhängigkeit als Kompensation für unsere frühere Abhängigkeit erfahren) entwickeln wir uns von anfänglicher tiefgreifender Dissoziation hin zum Erlernen von Assoziation[11] bzw. zur erneuten

---

11 also von Abspaltung und Trennung dazu, auf Menschen und Situationen zuzugehen und uns mit ihnen in Verbindung zu setzen; Anm. d. Ü.

Einstimmung auf und zur Heilung von unseren Emotionen. Je weiter wir auf dieser Ebene fortschreiten, desto mehr stimmen wir uns auf unsere Gefühle ein (was im Augenblick gespürt wird) und unsere Emotionen (was in uns hochkommt und in der Vergangenheit geschaffen wurde). In diesem Stadium befreien wir uns von vielen unterbewussten Mustern.

Erwartungen – Das erste Stadium von Unabhängigkeit
Innerstes Bedürfnis: Uns zu einem Erfolg zu machen, ein erfolgreiches Individuum zu sein, Dinge perfekt zu machen.
Innerste Angst: Nicht nur sind die Dinge nicht perfekt, sondern sie werden es auch niemals sein, und wir werden (deshalb) nie gut genug sein; da wir ungenügend sind, werden unsere Bemühungen niemals ausreichen; unsere Beziehung wird nie erfüllend genug sein (hinsichtlich Schönheit, Sex und so fort). Nichts und niemand wird je unseren inneren Erwartungen entsprechen können, die auf Bedürfnissen aus der Vergangenheit beruhen.
Durchbruch: Loslassen, sich entscheiden bzw. eine (neue) Wahl treffen, Ziele setzen, manifestieren, sich fokussieren und konzentrieren, Ziele: unser Bild aufgeben, wie alles sein sollte, und der Wahrheit erlauben, sich selbständig zu entfalten.

Das ist die schlimmste Stressphase. Wir sind in viele Richtungen zersplittert. Wir drängen uns selber dazu, alles vollkommen zu leisten oder aufzugeben, weil wir das niemals schaffen können. Wir kompensieren für verlorene Bindung („bonding") und für Gefühle der Unzulänglichkeit. Wir leugnen unsere Bedürfnisse, aber wir nehmen und eignen uns Dinge auf verstohlene Weise an. Das steigert unsere Bedürfnisse und unsere Anstrengungen, erfolgreich zu sein, aber wir können kaum empfangen. Wir treiben uns selbst an und fühlen uns, als ob wir in einer Wüste wären.

Kontrolle – Das zweite Stadium von Unabhängigkeit
Innerstes Bedürfnis: Sich selbst zu schützen und gleichzeitig weiterhin erfolgreich zu sein; die Situation, uns selber oder andere unter Kontrolle zu behalten, damit vor allem wir selbst und in zweiter Linie andere nicht zu Schaden kommen; wir verpflichten andere und verlangen, dass Dinge nach unserer Auffassung erledigt werden.

Innerste Angst: Die Kontrolle zu verlieren und unseren Willen nicht durchsetzen zu können; zurückgewiesen oder verletzt zu werden und wieder unter Herzensbruch zu leiden.

Durchbruch: Vertrauen, Integration, Kommunikation, Brückenbau und Joining. Auf dieser Ebene kompensieren wir alte Herzensbrüche und setzen uns mit der Angst auseinander, die aus einem gespaltenen Bewusstsein stammt. Dies ist der Schritt, dass wir endlich anfangen zu empfangen und einige Oasen in der Wüste der Unabhängigkeit zu erleben. Zu einem bestimmten Zeitpunkt entscheiden wir uns schließlich, unsere dissoziierten Gefühle, Emotionen und Bedürfnisse anzunehmen und anzuschauen. Im Kontrollstadium erreichen wir Orte der Kommunikation, des Brückenbaus, der Integration und Verbundenheit. Es ist ein Gefühl, als ob man nach langem Suchen endlich eine Oase in der Wüste findet, an der wir heilen, um unsere Angst vor und Kontrolle von Herzensbruch im Tausch gegen Vertrauen aufzugeben.

Die tote Zone – Das dritte Stadium von Unabhängigkeit
Innerstes Bedürfnis: Alles richtig zu machen und erfolgreich zu sein (angetrieben von Versagensgefühlen).

Innerste Angst: Versagen.

Durchbruch: Einsatz, Bindungsbereitschaft und Selbstverpflichtung auf jemanden oder etwas, Wahrheit, Freiheit, Leichtigkeit, Sicherheit, Unterstützung, Echtheit (Authentizität), Unterscheidungsvermögen, aufrichtige Ernsthaftigkeit.

ich bin, wie ich bin & ich spiele nichts.

Wenn wir uns für unsere Beziehungen entscheiden, für uns selbst, für die Wahrheit und Authentizität, dann bewegen wir uns auf die Ecke des Dreiecks zu, wo im Modell das Stadium der Partnerschaft beginnt. Das Thema für beide Geschlechter auf der Seite der Unabhängigkeit ist, das verletzte Weibliche zu heilen und das wahre Weibliche schätzen zu lernen.

Aufgrund unserer Entscheidung dazu wird unsere weibliche Seite mit unserer männlichen Seite in Balance gelangen, was sowohl unseren Partner bzw. unsere Partnerin als auch uns selber auf eine neue Ebene hebt. Das heilt die Angst vor Erfolg, Nähe und Intimität.

Die tote Zone enthält vier große Fallen. In den anderen Stadien sind die Fallen üblicherweise unterschiedliche Facetten desselben Themas. Auf dieser Ebene der Unabhängigkeit in der toten Zone gibt es jedoch vier ganz unterschiedliche Schichten von Fallen. Die erste hat mit der Leblosigkeit (wörtlich: „deadness") zu tun, die von unseren Rollen erzeugt wird, mit denen wir unsere Schuld kompensieren, unsere Familie nicht zu retten. Der Ödipus-Komplex, Konkurrenzdenken und -verhalten sowie Angst vor dem nächsten Schritt (die alle durch verlorene Familienbindung verursacht werden) sind die anderen Fallen, mit denen man sich auf dieser Ebene auseinandersetzen und die man hier heilen kann.

In der ersten Falle treten zusätzlich zum Gefühl der Leblosigkeit auch Gefühle auf von Wertlosigkeit, Depression, Aufopferung, Täuschung, in einer toten Routine zu erstarren oder sonst wie festzustecken, Burnout, Unfähigkeit zu empfangen, Versagen und Ich-Zweifel sowie Befangenheit. Anstatt dass wir diese Gefühle annehmen und durchspüren, kompensieren wir, indem wir härter und härter arbeiten, um anderen und uns selbst zu beweisen, was für gute Menschen wir sind. In unserem Bemühen, alles selber zu machen, lassen wir keinen Raum für Hilfe von außen, für Inspiration, Liebe, Energiefluss, Vision oder Partnerschaft. Als Folge unserer eigenen Unfähigkeit zu empfangen und aus Angst vor Veränderung wird das Leben zur Routine, und wir fühlen uns gar nicht mehr lebendig. Wo wir nicht bereit sind, uns mit unseren Gefühlen zu beschäftigen, werden wir sie auch nicht mit anderen Menschen teilen. Dadurch, dass wir uns für getrennt halten, fühlen wir uns „sicher" – weil das uns gestattet, unsere Gefühle von Aufopferung, Wertlosigkeit und Versagen etc. zu vermeiden, die wir nicht angenommen und angeschaut haben.

* * *

Echte Partnerschaft *(Interdependence;*
gegenseitige bzw. wechselseitige Abhängigkeit)

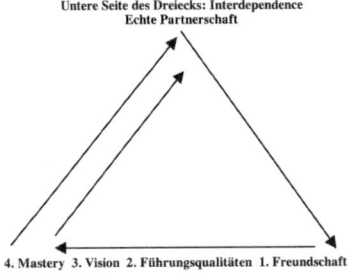

Allgemeine Bedürfnisse: Sich für uns selbst und andere zu öffnen und zu empfangen, wozu auch gehört, einem wichtigen Menschen ein wahrer Partner zu sein; mit nahestehenden Menschen partnerschaftlich zusammen zu sein; Menschen ganz allgemein und der ganzen Welt ein Partner zu sein.

Allgemeine Angst: Angst davor, anderen *nicht* zu helfen; Sorge, nicht zu helfen, die Welt zu retten; nicht unsere Gaben zu geben;

unsere Bestimmung nicht zu leben oder unsere Aufgaben nicht anzunehmen.

Durchbruch: Mit Hilfe unseres weiblichen Aspektes empfangen, was zu mehr Geben führt und dazu, höhere Ebenen von Verbundenheit, Partnerschaft, Sinn und Kreativität zu erreichen.

Die Bewegung von Unabhängigkeit zur wechselseitigen Abhängigkeit ist wieder eine radikale Veränderung im Bewusstsein. Es ist die Verschiebung von der Haltung, alle Dinge selbst zu tun, zurück zu einer elementaren Partnerschaft mit anderen. Diese Ebene der echten Partnerschaft ist eine andere Art und Weise, die Welt anzusehen. Es ist eine Einstellung, die viel weniger Aufopferung, Vergnügungssucht, Auflehnung und Autoaggression auslöst, sondern sich stattdessen darauf ausrichtet, Spaß zu haben, Freude zu erleben, sich selbst leicht zu nehmen und sich an die heilsame Qualität von Humor zu erinnern. Unsere Weltsicht konzentriert sich jetzt auf Verbundenheit und die Fähigkeit, Aufgaben zu erfüllen, allerdings nicht um jeden Preis zu Lasten von Mensch oder Natur. Unser Erfolg schließt jetzt andere mit ein und spiegelt unsere Bereitschaft, auf andere Menschen einzugehen, unser Mitgefühl und unsere Verbindung mit der Natur.

In der Phase der Unabhängigkeit haben wir es mit Mustern aus dem Unterbewusstsein zu tun (mit allen vergrabenen Themen und Emotionen seit unserer Zeugung), aber im Stadium der gegenseitigen Abhängigkeit setzen wir uns überwiegend mit dem Unbewussten auseinander bzw. mit unseren Seelenmustern (mit unseren Themen und Emotionen aus der Zeit vor der Zeugung), die unsere Lebensmuster erzeugen. Unser Unbewusstes enthält auch die Muster, die von unseren Eltern und Vorfahren weitergereicht wurden. Ebenso enthält es unsere Lebensgeschichten oder „früheren Leben", wenn wir dieses Bild vorziehen. Diese

Lebensgeschichten, „früheren Leben" und Mythen sind das Fundament unserer jetzigen Lebensmuster, und unser Geist bedient sich dieser Geschichten, um von seiner sich immer weiter entfaltenden Reise zu erzählen. Das ist auch jener Teil unseres Bewusstseins, den wir als Teil der Menschheit aus dem kollektiven Unbewussten geerbt haben.

Im Stadium der echten Partnerschaft erfahren wir eine Vertiefung der Beziehungen zu uns selber, zu den Menschen unserer Umgebung und zum Göttlichen. Während wir uns weiterentwickeln, können Emotionen und Leid aus *sehr* tiefen Tiefen auftauchen. Wir setzen uns mit einer Intensität an Emotion auseinander, die, wenn sie nicht aufgelöst würde, zu körperlicher Krankheit oder Unfall führen könnte. Wir lernen, Verantwortung für unsere Gedanken zu übernehmen, in der Erkenntnis, dass sie niemals neutral sein können, und für die gesamte Welt, in der wir leben. Unsere Gedanken nehmen uns entweder in die Richtung des Lebens und der Kreativität, oder sie führen uns zu Tod und Zerstörung.

In diesem Prozess der Entwicklung durch das Stadium der gegenseitigen Abhängigkeit oder echten Partnerschaft verstehen wir die Lektionen der Beziehungen: dass unsere Verbindung mit dem Göttlichen und mit anderen Menschen etwas ist, was vom allerersten Anfang an bestanden hat, und dass *nicht* in Beziehung zu anderen zu sein bedeutet, aufzuhören zu existieren. Das ist die Entwicklung zur Erleuchtung, an der linken Ecke im Dreieck: die Erfahrung und Verwirklichung, dass wir alle Teil eines Gewebes sind, alle Fäden ein und desselben Stoffes, ein Teil von ALLEM, WAS IST. Es gibt nur EINEN von uns hier!

Freundschaft – Das erste Stadium gegenseitiger Abhängigkeit
Innerstes Bedürfnis: Ein wahrer Freund und Partner zu werden, während wir einen ständig wachsenden Kreis echter Freundschaften entwickeln.
Innerste Angst: Nicht auf unsere Freunde einzugehen, kein echter Freund zu sein.
Durchbruch: Mehr und mehr Menschen ein immer besserer Freund werden; die Früchte von Freundschaft genießen.

In diesem Stadium erkennen wir die Kraft und Freude von Freundschaft, die Energiefluss in unserem Leben erzeugt. Wir bauen Freundschaften mit unserem Partner bzw. unserer Partnerin, mit unseren Kollegen, unserer Familie und Menschen um uns herum. Wenn wir bis zum Ende dieses Stadiums vorankommen, werden wir zu einem Freund der ganzen Welt.

Führungsqualitäten –
Das zweite Stadium gegenseitiger Abhängigkeit
Innerstes Bedürfnis: Über Eigenangriffe und Ich-Befangenheit unserer Persönlichkeiten (bzw. Persönlichkeitsaspekte) hinauszugelangen, um auf Hilferufe einzugehen; eine echte Führungsperson für die Gemeinschaft zu sein; unsere Begabungen, Talente und Chancen wahrzunehmen.
Innerste Angst: Nicht unserem wahren Wesen gemäß zu leben aufgrund von Aufopferung oder Auflehnung; unsere Gaben nicht anzunehmen oder zu geben; nicht im Energiefluss zu sein; unseren Platz als Anführer nicht einzunehmen; nicht wert genug oder ausreichend perfekt zu sein, um anerkannt und geliebt zu werden.
Durchbruch: Auf andere zugehen und ihnen helfen, Einfühlung und aktive Anteilnahme von anderen und vom Himmel zu empfangen; Inspiration, im Fluss sein, Glück haben, Spontaneität, Begabung, Intuition, Anerkennung und Dankbarkeit.

Führerschaft bedeutet, auf Hilferufe einzugehen und ein Mensch der Vision zu sein, der Unwiderstehlichkeit mit Integrität verbindet. Der Anführer bzw. die Anführerin macht den Schritt nach vorn, um seinen bzw. ihren natürlichen Platz zum Wohle des Ganzen einzunehmen.

Vision – Das dritte Stadium gegenseitiger Abhängigkeit

Innerstes Bedürfnis: Unsere Aufgabe zu erfüllen und unsere Grenzen zu überschreiten; uns so sehr ganz zu geben, dass wir zum Star unseres Lebens werden; unsere Größe zum Ausdruck zu bringen; ein visionäres Leben zu führen.

Innerste Angst: Angst vor Tragödien; Angst vor schrecklichem emotionalem Leid.

Durchbruch: Uns so sehr ganz zu geben, dass wir zum Kanal werden, der aus höheren Dimensionen empfangen kann; die großen Ängste des Lebens heilen; unsere Dualität heilen; die scheinbar gegensätzlichen Kräfte zusammenführen auf eine höhere Wirklichkeit – maskulin/feminin, dunkel/licht, gut/böse und Leben/Tod.

Im Zustand bzw. in der Erfahrung von Vision werden uns schöpferische Kräfte verfügbar. Auf der ersten Stufe werden wir in einen veränderten Bewusstseinszustand erhoben, indem wir uns ganz selbst geben. Die nächste Stufe ist der schamanische Brückenschlag zwischen den Wirklichkeiten, wobei die Dinge magisch werden und höhere Mächte und Kräfte durch uns fließen. In noch höheren Stufen der Vision kommen Genie, großartige neue Fähigkeiten und Gaben sowie neue Visionen für die Menschheit zu uns. Auf der letzten Stufe wird spirituelle Vision erlangt: die Fähigkeit, über unsere gegenwärtige Wirklichkeit hinauszublicken.

Dann leben wir als männlicher oder weiblicher Star, Held, Genie, Visionär, Heiler. Wir leben so kreativ, dass sich mediale, künstlerische und heilende Begabungen offenbaren. Wir überschreiten immer weiter entfernt liegende Grenzen, bis wir fähig sind – durch schamanische oder spirituelle Vision –, uns über die existenziellen Lebensbedingungen (Tod, Leiden, Alterung etc.) zu erheben und die Gesetze von Zeit und Raum zu überschreiten.

Meisterschaft– Das vierte Stadium gegenseitiger Abhängigkeit
Innerstes Bedürfnis: Zentriert zu sein; eine Brücke zwischen Himmel und Erde zu sein; unsere innersten Schattengestalten zu heilen; uranfängliche Schuld und Wertlosigkeit und Geschäftigkeit, allgemeine Kompensation und Ineffizienz zu überwinden; sich weniger mit den eigenen Glaubenssätzen und Ich-Vorstellungen zu identifizieren und mehr mit dem „Himmel"; sich in einem Zustand des Seins zu befinden, anstatt ständig etwas zu machen.
Innerste Angst: Unwirksamkeit, Wertlosigkeit und Versagen.
Durchbruch: Unschuld, Centering, der Frieden Gottes, das Tor zum Himmel öffnen und zur Ewigkeit bzw. Zeitlosigkeit, die Alltagswelt mit den höheren Ebenen verbinden.

Im Stadium der Meisterschaft sehen wir die Welt in Verbundenheit, wechselseitigen Beziehungen und in Liebe. Alles wird mühelos und leicht, weil wir in einem Zustand der Gnade leben. Wir sind eins mit der Natur. Wir erleben viel Schönheit, können im Leben mit anderen und mit dem Göttlichen ganz präsent sein, und wir erfahren, wie sich die Gnade der Ewigkeit in uns entfaltet. Wir sind fähig, in das Herz der Menschen und Dinge zu blicken, und wir kommunizieren mit dem, was wesentlich ist. Wir haben mehr Spaß, Humor und Kontakt mit dem Göttlichen in anderen Menschen, weil wir aus unserem Verstandesdenken herausgekommen sind (obwohl wir alle Antworten, die wir brauchen, intuitiv empfangen). In Meisterschaft leben wir Geschichten des Glücks, der Liebe und Gnade, des Friedens und der Erlösung.

Im Stadium der Meisterschaft erlangen wir wieder eine echte Beziehung zu unserem Körper. Dann können wir beginnen, unser Körperbewusstsein zu überschreiten und zu erkennen, dass wir eine Seele sind, die auf dem Weg ist, Spirit zu werden. Es gibt keine Notwendigkeit mehr, die Welt „draußen" zu retten, weil es dort keine Welt gibt. Wir wissen, dass alles „draußen" in uns ist, und wir heilen jede Ebene der Getrenntheit des Geistes, indem wir uns selber heilen. In diesem Stadium strahlen wir unsere Liebe zu anderen aus.

Ein natürlicher Nebeneffekt im Stadium der Meisterschaft, wenn wir Schuld und Minderwertigkeitsgefühle aufgeben, besteht darin, dass wir vom Bedürfnis loslassen, Dinge als Kompensation für Schuldgefühle „zu tun". Wir werden dann effizienter, weil wir auf die innere Führung und Anleitung und schließlich auf die Stimme Gottes hören. Wir sind einfach da, wir kommen einfach an unseren Platz und lassen die Arbeit durch uns geschehen.

Jedes Stadium des Dreiecks kann als ein Baustein zur Bindungsfähigkeit („bonding") angesehen werden. Wenn wir die Bedürftigkeiten und Ängste des jeweiligen Stadiums überwinden bzw. transzendieren, empfangen wir eine viel nähere und tiefere Verbindung mit anderen und mit Gott, und wir werden uns dessen auch sehr viel bewusster. Diese Ebene der Beziehung hat schon vorher existiert, weil es sie immer gegeben hat und gibt; sie war nur von unserem Leid und unserer Illusion verborgen.

Spirituelle Abhängigkeit
(Spiritual Dependence, Radical Dependence, Radical Feminine)

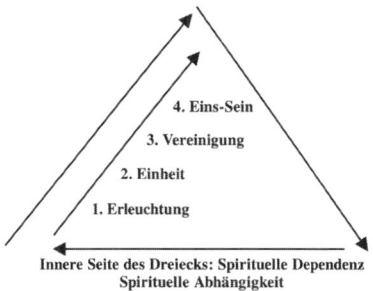

Allgemeine Bedürfnisse: Sich selbst und andere als Kinder Gottes zu erkennen; unseren Willen auf den Willen Gottes abzustimmen.

Allgemeine Angst: Der tiefste Lebensschmerz, die „dunkle Nacht der Seele".

Durchbruch: Die Erfahrung von Sein und schließlich Teil des großen Seins sein, höhere Bewusstseinsebenen des spirituellen Erwachens, Erleuchtung und die Erfahrung von Einheit, Vereinigung und Eins-Sein.

Spirituelle Abhängigkeit ist der Zustand, in dem man wieder wie ein kleines Kind wird, um in „das Reich Gottes" einzutreten, in den „Himmel", in die Bewusstheit der Einheit. Wir verwirklichen unsere höchste Identität als Geist, der im großen Geist enthalten ist. Wir stellen uns den schlimmsten Mustern und Leiderfahrungen. Wir erkunden die letzten bzw. ursprünglichsten Spaltungen unseres Bewusstseins und unserer Trennung von anderen.

Erleuchtung:
Das erste Stadium der spirituellen Abhängigkeit

Das ist eine Erfahrung eines umfassenden Erwachens und der Selbstverwirklichung als Geist sowie des Erkennens Gottes und der Einheit.

Zu den Blockaden dieses Stadiums zählen Angst vor dem Zerschmelzen, Angst vor Liebe, Glück, der Möglichkeit, alles zu haben, und Angst vor Gott.

Einheit:
Das zweite Stadium der spirituellen Abhängigkeit

Das ist die Erfahrung davon, Teil eines großartiges Tanzes von Einzelwesen im großen Wesen zu sein; auch davon, unsere besonderen spirituellen Begabungen zu feiern, während wir unauflöslich als Teil des Ganzen mit diesem verwoben sind.

Zur ersten Schicht von Blockaden gehören Seelenpein, Agonie, Elend, Schrecken, Tragödien und selbstmörderische Formen der Autoaggression.

In der zweiten Schicht von Blockaden finden wir Wutanfälle, Verachtung, Auflehnung und miese Einstellung.

In der dritten sind fragmentarische Aspekte des Egos vorhanden, die sich verschanzt haben und häufig als Dämonen erlebt werden. Sie erzeugen Gefühle der Sinnlosigkeit, reichlich durchsetzt mit schwerem Leid.

Vereinigung:
Das dritte Stadium der spirituellen Abhängigkeit

Hier haben wir es mit der ursprünglichen Trennung[12] oder mit der „dunklen Nacht der Seele" zu tun. Diese Ebene bezieht sich auf die Erleuchtung durch Liebe und auf die Vereinigung mit anderen und mit Gott als dem Geliebten.

Eins-Sein:
Das vierte Stadium der spirituellen Abhängigkeit

Das ist das abschließende Stadium der Einstimmung auf den Willen Gottes, darauf, eins mit allem zu werden, was ist.

Im nächsten Kapitel wollen wir uns noch einmal etwas eingehender dem zentralen Thema von Familie und Beziehungen widmen und es aus einem anderen Blickwinkel betrachten.

---

12 der Seele von Gott bzw. des individuellen Geistes vom allumfassenden Schöpfergeist; Anm. d. Ü.

8. Familie und Beziehungen

Beziehungen als fundamentale Bausteine der Entwicklung

Als ein Weg des Herzens beschäftigt sich die Psychologie der Vision mit der immer weiter fortschreitenden Entwicklung einer tieferen, weiter ausstrahlenden Verbundenheit und Liebe. Beziehungen sind die fundamentalen Bausteine eines menschlichen oder spirituellen Universums. Wenn wir das Leben auf irgendeine andere Weise ansehen als auf der Ebene der Gleichwertigkeit in wahren Beziehungen, dann definieren wir uns und andere nur als Objekte, was uns vom Leben, von uns selber, von anderen und von der Natur entfremdet.

Da wir kein Objekt sein wollen, versuchen wir zum Subjekt zu werden, damit wir den Entwicklungsprozess in der Hand haben. Das versetzt uns in eine auf Konkurrenz ausgerichtete Haltung, in der wir andere kontrollieren und entrechten. Das ist das genaue Gegenteil von dem, was Beziehungen aufbaut und zu Freude, Erfolg und Fülle in ganzheitlicher Hinsicht führt.

Beziehungen sind die grundlegenden Elemente des Lebens. Der Weg der Beziehungen ist ein evolutionärer Entwicklungsweg, der zunehmende Nähe zu anderen, zu uns selbst und zu Gott bietet.

Jedes Problem wird an seiner Wurzel auf einer bestimmten Ebene von einem Beziehungsproblem verursacht. Das bedeutet, dass alle unsere Sorgen aus unseren Beziehungen stammen und dass alle Probleme letztlich Beziehungsprobleme sind. Alle Probleme sind das Ergebnis von Kummer, Groll und Gram. Und deshalb kann jedes Problem auch durch Vergebung oder Joining geheilt werden, indem man die Getrenntheit auflöst, um die es in Wahrheit geht. Das gibt uns den Angelpunkt, um selbst mit unseren größten Problemen auf eine relativ einfache und direkte Weise klarzukommen, denn wenn und während wir heilen und neue Ebenen der Verbundenheit („bonding") in unseren Beziehungen erzeugen, verschwinden äußere Symptome und Probleme.

Schlüsselmuster in Beziehungen

Jede Opferfalle, in die wir geraten, und alle Opfermuster, die wir erleben, geben uns das Gefühl, dass wir keinen freien Willen bei Entscheidungen über die betreffende Angelegenheit haben. Es scheint so, als ob uns etwas gegen unseren Willen geschieht. *Aber alle diese Opferfallen und -muster entstehen aus unseren Beziehungsfallen und -mustern.*

Unsere Beziehungsfallen und Beziehungsmuster, die wir zum Großteil unterhalb der Ebene unserer Wahrnehmung halten, sind erfüllt vom Wunsch nach Besonderheit, vom Wunsch danach, als jemand Besonderes zu gelten. Das ist Falschgeld-Liebe. In der Haltung der Besonderheit verlangen wir nach Aufmerksamkeit und Anerkennung durch unsere Umwelt. Aus dieser Haltung entspringen Vergleiche, die wir anstellen, sowie Wettstreit, die Liebe und Verbindungsfähigkeit ruinieren. Alle unsere speziellen Beziehungsmuster entstammen unseren Familienfallen und Familienmustern.

Das Muster, dass wir Liebe durch Besonderheit suchen, hat schon in unseren Familienbeziehungen angefangen. Man könnte sagen, dass es eine direkte Korrelation gibt dazwischen, wie sehr wir als Kinder gelitten haben und wie sehr unser Bedürfnis nach Besonderheit gelitten hat.

Hier ein allgemeines Beispiel. Nehmen wir an, dass wir als Kind gespürt haben, dass uns unser Vater abgelehnt hat, weil er kühl und distanziert war. Wenn wir gefragt werden, ob wir selber uns je kühl und distanziert gefühlt haben, antworten wir wahrscheinlich mit „Ja".

Wenn wir nun gefragt werden, ob das bedeutet, das wir notwendigerweise unsere ganze Umwelt mit unserer Kühle und Distanziertheit abgelehnt haben, antworten wir natürlich meist mit einem „Nein". (Falls wir mit einem „Ja" antworten, liegt die Wurzel des Themas noch vor der Szene, in der wir gespürt haben, dass unser Vater kühl und distanziert ist.)

Wenn wir nun gefragt werden, was wir fühlten, als wir uns kühl und distanziert verhalten haben, antworten wir vielleicht: „Ich habe mich selber schlecht gefühlt." Wenn wir dann gefragt werden, ob unser Vater, als er sich kühl und distanziert verhalten hat, uns notwendigerweise abgelehnt hat oder sich selber einfach schlecht gefühlt hat, antworten wir in den meisten Fällen: „Er hat sich selber mies gefühlt."

Wenn wir nun gefragt werden, ob vielleicht wir es waren, die wir unseren Vater abgelehnt haben, weil er sich kühl und abweisend verhalten hat, und wir damals glaubten, das würde bedeuten, dass er uns ablehnt, dann antworten wir: „Klar! Ich selber habe ihn ja deshalb abgelehnt."

Und wenn wir schließlich gefragt werden, ob wir, da wir unseren Vater deshalb bewertet und verurteilt haben, dasselbe Muster übernommen bzw. es kompensiert haben, werden wir wahrscheinlich mit „Ja" antworten. Dann können wir zurück zur Wurzel des Missverständnisses geführt werden und die zerbrochene Verbindung wieder herstellen. Am Ende würden wir dann unserem Vater jene Gabe als Geschenk geben, die wir in uns tragen, die dieses Problem leicht heilen könnte.

Falls unser Vater kühl und abweisend war, könnte das sehr wohl ein Kernthema unseres Lebens werden. Vielleicht haben uns unsere Partner genauso behandelt oder sie haben uns verlassen, weil wir uns so verhalten haben. Unser Familienmuster führt auf diese Weise zunächst zum Beziehungsmuster, und das wiederum erzeugt das Opfermuster.

Unsere Familienmuster und Kindheitstraumata stammen aus Seelenmustern. Diese Seelenmuster sind die Schlüsselmuster des Geistes. Wir sind gekommen, um sie zu heilen, durchzuarbeiten und aus ihnen zu lernen. Manche unserer Seelenmuster kommen zu uns als Ahnenmuster oder als die tiefsten Muster von Lebensgeschichten unseres Bewusstseins (die man auch als frühere Leben betrachten könnte). Sie beeinflussen unsere Eltern-, Kindheits- und Familienmuster, die das ganze Leben hindurch auf uns einwirken. Sie stellen uns jedoch auch die Herausforderungen zur Heilung oder die Traumata zur Verfügung, die – sobald sie transformiert werden – auf die Seelenaufgaben und unseren Lebenssinn weisen.

Je tiefer die Ebene ist, aus der das Muster stammt, das geheilt wird, desto effektiver ist die Heilung für alle Ebenen. Von der Seelenebene her betrachtet kommen wir hierher, um zu heilen und zu lernen und einen Beitrag für die Welt zu leisten. Wenn wir ein Muster von der Seelen- oder Familienebene heilen, kann das tatsächlich zehn Beziehungs- oder hundert Opfermuster verändern.

Unsere Beziehungen bieten uns einen Schlüssel, einen Schlüssel der Transformation, die alle Probleme heilen kann. Jede Lektion, jeder Schritt vorwärts, stellt eine Hilfe für Wachstum dar. Der Weg der Beziehung ist in der Tat der schnellste Weg zur Entwicklung. Damit ist er auch der schnellste Weg zur spirituellen Evolution, denn alles, was zwischen uns und der Erleuchtung ist, zwischen uns und der Einheit, wird sich als ein Thema in Beziehungen zeigen.

Im Grunde genommen wird alles, was wir aus unserer Kindheit nicht vollständig geheilt haben, alles, was in unserem Herzen oder Bewusstsein gebrochen ist, zwischen uns und anderen zur Heilung auftauchen. Wenn wir erkennen, dass das, was wir spüren, nicht am anderen liegt und nicht dessen Schuld ist, dann haben wir einen großen Schritt zur Reife gemacht. Selbst wenn es uns offensichtlich erscheint, dass der andere Mensch Schuld hat, waren doch die Gefühle, die Reaktionen über das, was geschehen ist, bereits in uns im Inneren vorhanden und haben nur auf einen Auslöser gewartet, dass sie an die Oberfläche unserer Bewusstheit kommen konnten.

Unsere Gefühle sind das Ergebnis von Mustern, die wir hatten, lange bevor wir diesem Menschen begegneten. Solche Rückschläge, Probleme, Unfälle und Angriffe gegen uns sind das Ergebnis von dem, was wir in unserem Geist haben. Diese Ereignisse sind das Resultat unserer eigenen Gedanken, Bewertungen und aggressiven Impulse.

Das heißt nicht, dass nun wir statt der anderen Person an dieser Lage Schuld seien. Vielmehr gibt uns diese Erkenntnis die Kraft und Verantwortung, die Tiefe der Abspaltung in unserem Bewusstsein wahrzunehmen. Das ist der Anfang von Freiheit, denn die Bewusstwerdung einer Eigensabotage und eines selbstzerstörerischen Teils in unserem Geist erlaubt uns, dies zu heilen. Indem wir die Heilungsschritte unternehmen, einen nach dem anderen, kommen wir in unserem Leben und in unseren Beziehungen voran.

Beziehungen motivieren, uns mit Themen auseinanderzusetzen, die wir sonst vor uns selber versteckt gehalten und uns nie angeschaut hätten. Wir müssen nur erkennen, dass es – so unangenehm es sich manchmal anfühlt – lebensrettend sein kann, sich damit zu beschäftigen und diese Themen zu transformieren. Unserer Seele ist es ziemlich egal, ob wir eine gute Zeit haben. Ihre Absicht ist auf unsere Heilung und Entwicklung gerichtet, auf Lernen und Transformation. Negative Gefühle aus der Vergangenheit kommen ständig hoch, verkleidet als Leiden in der Gegenwart. Es in der Gegenwart gut zu heilen (und dabei die Wurzel des Themas in der Vergangenheit zu klären, verlorene Bindung wieder herzustellen und Angst und Trennung aufzulösen) heißt, es für immer zu heilen. Das bringt uns zu tieferer Intimität und Nähe und zu größerem Erfolg in unserem Leben.

Beziehungen verstehen

Jede Beziehung ist einzigartig und hat ihre eigene Leitkraft und Fallgruben. Alle Beziehungen folgen jedoch einer Reihe von Entwicklungsschritten und Stufen. Jedes dieser Stadien bringt bestimmte Themen hervor, die wir heilen müssen. Wenn wir die Lektionen der jeweiligen Phasen und Schritte lernen, können wir uns sowohl als Individuum wie auch als Paar weiterentwickeln.

Das Stadium der Verliebtheit

Die Phase der Verliebtheit steht am Anfang einer Beziehung und gibt uns einen Geschmack von all dem, was unsere Beziehung sein kann. Wir erleben die ganze Schönheit, den Spaß und die reine Freude von Beziehungen, und wenn sich die Dinge später ins Gegenteil verkehren, schauen wir oft voller Nostalgie auf diese Zeit zurück. Das Stadium der Verliebtheit kann als Ideal hochgehalten werden, welches das Potenzial und das Versprechen unserer Beziehungen offenbart, das wir erreichen können, wenn wir diese völlig transformieren.

Wenn wir in eine Beziehung eintreten, suchen wir uns üblicherweise einen Menschen aus, der uns als etwas Besonderes behandelt. Wir alle haben das Bedürfnis zu glauben, dass wir ein besonderer Mensch sind, und die Phase der Verliebtheit ist die Erfüllung dieses Bedürfnisses. Und doch ist „Besonderheit" nicht Liebe, sondern ein Vergnügen bzw. die Befriedigung eines Ego-Wunsches. Nun geht es darum, die Beziehung zu verwandeln von einer Verbindung, die darauf beruht, jemand Besonderes zu sein, zu einer Verbindung, die auf Liebe gründet. Das bedeutet, dass die Beziehung auf Geben anstatt auf Bekommen beruht, denn erst dann kann sie ihren wahren Zweck erfüllen und als Mittel zum Erfolg dienen.

Wenn wir in eine neue Beziehung eintreten, gibt es ein Versprechen von Ganzheit. Wir werden von dem inspiriert, wer der andere Mensch ist und von den Gaben, die damit verbunden sind. Im Herzen jeder Verliebtheit steckt in Wahrheit die Illusion darüber, wie wir glauben, dass unser Partner bzw. unsere Partnerin uns erfüllen und ganz *machen* wird. Wir fangen Beziehungen oft aus diesem Grund an – was übrigens selbstverständlich falsch ist –, aber das ist der Klebstoff, der uns ursprünglich anzieht und unsere Beziehung zusammenhält. Später können wir dieses Ziel und diesen Zweck in die richtigen Gründe umtauschen: Liebe, Heilung, Glück und die Erfüllung eines bestimmten (übergeordneten, transpersonalen) Sinns der Beziehung.

Wo Verliebtheit oder Illusion existierte, muss es zwangsläufig auch Ent-Täuschung, Frustration und Machtkampf geben – es sei denn, dass wir es schaffen, ein neues Ziel zu setzen, um unsere Beziehung ganz zu machen. Wenn das Stadium der Verliebtheit vergangen ist, ist damit weder die Beziehung beendet, noch ist die Liebe verschwunden. Verliebtheit ist nicht dasselbe wie Liebe; vielmehr stellt sie eine idealisierte Vision der Beziehung dar, die uns mit mächtigen, oft leidenschaftlichen Gefühlen erfüllt. Diese Gefühle verwechseln wir oft mit Liebe, aber sie können uns immerhin kraftvoll durch die schwierigeren Prüfungen in Phasen der Beziehung bringen, die noch vor uns liegen.

Das Stadium des Machtkampfes

Diese Stufe wird offensichtlich, wenn unsere Ängste, Unterschiede und Bedürfnisse beginnen, durch die Sprünge an die Oberfläche zu gelangen, die in unserer „perfekten" Beziehung aufgetaucht sind. Oft werden gerade die Dinge, die uns zum Partner angezogen haben – die Unterschiede – zu Konfliktpunkten.

Die Herausforderung in diesem Stadium ist, die Trennung zu heilen, sobald sie sich zeigt. Wenn Eigenschaften oder Verhaltensweisen auftauchen, die wir an unserem Partner nicht mögen, dann ist das so, weil er bzw. sie jene Aspekte von uns selber auslebt, die wir versteckt oder verdrängt haben.

Auf dieser Stufe kämpfen wir für das, was unsere Ängste und Bedürfnisse ausmacht, was zu wirklich großen Konflikten führt. Aber jedes Mal, wenn wir uns hingeben, wenn wir geben, vergeben und uns neu verbinden („join"), wird eine neue Brücke gebaut, und die Beziehung entwickelt sich weiter auf eine neue Ebene des gegenseitigen Verständnisses hin, der Verbundenheit („bonding") und des Vertrauens.

Heilung in dieser Phase heißt nicht, einen Kompromiss zu finden, da Kompromisse nur zu Verlustgefühlen oder Frustration bei beiden Partnern führen. Wenn wir einen Kompromiss eingehen, opfern wir etwas, woran wir glauben oder was uns wichtig ist, um eine gegenseitig annehmbare Position zu finden. Echte Kommunikation hat mit dem Wunsch, einen Kompromiss zu schließen, nichts zu tun.

Wir müssen Reife und Freundschaft entwickeln, und wir müssen vom Herzen hergeben, ohne jede Erwartung einer „Belohnung" oder einer Gegengabe. Eine vom Herzen kommende Entscheidung für unseren Partner kann uns jederzeit, gleich, was sich gerade in der Beziehung abspielt, zum nächsten Schritt bringen.

Der *Schatten-Schritt*, die erste Phase im Stadium des Machtkampfes, ist der Schritt, einige unserer sehr chronischen Schatten zu heilen. Wie aus heiterem Himmel meinen wir plötzlich, dass unsere Beziehung, die „im Himmel gemacht" wurde, nun fast eher wie eine „Hölle auf Erden" aussieht. Wenn wir in eine Beziehung eintreten, projizieren wir unsere Ideale auf den Partner bzw. die Partnerin; bei diesem Schatten-Schritt fangen wir jedoch an, unseren verdrängten Selbsthass auf den Partner bzw. die Partnerin zu projizieren. Das spiegelt dann oft unsere schlimmsten Vorstellungen von jemandem, mit dem wir in einer Beziehung sein wollten.

Der *Unabhängigkeit-Abhängigkeits-Schritt* tritt auf, wenn wir entweder die Rolle des Unabhängigen oder des Abhängigen in unserer Beziehung spielen müssen. Falls wir beide um die beliebte Rolle des Unabhängigen wetteifern (weil jeder von uns die Kontrolle haben möchte), bringt das den Machtkampf auf eine neue Ebene. Wenn wir unabhängig sind, dann haben wir es in der Hand, den abhängigen Partner so zu dirigieren, dass er macht, was wir wollen – sonst spielen wir nicht mehr mit. Wenn wir die Rolle des Unabhängigen spielen, haben wir uns davon dissoziiert bzw. bewahren uns davor, unseren Schmerz oder unsere Bedürfnisse fühlen zu müssen, aber dabei verlieren wir auch das Gefühl der Verliebtheit. Der abhängige Partner spürt die Verliebtheit, aber auch Schmerz, Bedürftigkeit und Abhängigkeit. Dieser Mensch wird versuchen, sich das zu nehmen, was er braucht, oder er wird angreifen, um seine Bedürfnisse zu befriedigen.

Beim *positiv-negativen Schritt* erkennen wir, dass wir unterschiedliche Sichtweisen haben. Einer in der Partnerschaft sieht wie der bzw. die „positive" Person aus, der bzw. die andere wie die „negative" Person. Zuallererst ist es wichtig zu verstehen, dass keiner Unrecht hat oder falsch liegt. Das Geheimnis liegt darin zu vermeiden, darum zu kämpfen, wer Recht hat, wer der bessere Mensch ist, wer ehrgeiziger, praktischer oder klüger ist. So, wie die negativen und positiven Pole einer Batterie zusammenwirken, um Strom zu erzeugen, können sich zwei Gegensätze in einer Beziehung miteinander verbinden, um eine mächtige Kraft zu werden.

Das Stadium der toten Zone

Dieses Stadium ist von harter Arbeit gekennzeichnet (oder gelegentlich auch von Faulheit), von Ermüdung, dem Gefühl der Leblosigkeit, des Feststeckens oder des mechanischen Lebens, von Versagen (und sogar Täuschung oder Betrug), Aufopferung,

Mangel an Leidenschaft, Burnout und der starken Überzeugung, dass es irgendwo anders etwas Besseres geben muss. Es ist wichtig, sich daran zu erinnern, dass dieser Zustand wie erstickend wirken und es so aussehen kann, das nun das natürliche Ende der Beziehung da ist. In Wahrheit ist jedoch gerade hier der Ort und die Zeit, wo sich besonders tiefgreifende und nachhaltige Heilung ereignen kann.

Das Stadium der toten Zone ergibt sich als Folge einer Reihe von dynamischen Energieprozessen, die alle mit Rückzug und Angst zu tun haben. Manchmal haben wir uns zurückgezogen, um zu vermeiden, dass wir unseren Partner bzw. unsere Partnerin durch Machtkampf und Wettbewerb verlieren. Manches geht dabei auf Zeiten zurück, in denen wir uns vom Leben zurückgezogen haben aufgrund von Versagensängsten und Schuldgefühlen. Oft haben wir die Gefühle kompensiert, indem wir positive Rollen übernommen haben, in denen wir zwar die richtigen Dinge, aber aus den falschen Gründen getan haben. Kompensation ist eine Ego-Falle, die laufend aufgestellt wird, besonders jedoch in dieser Phase.

Wenn wir uns dessen bewusst sind, dass das Ego diese Fallen aufstellt, können wir danach Ausschau halten, uns über sie austauschen, an ihnen vorbeigehen und Liebe und Frieden in unserer Beziehung finden.

Rollen, Regeln und Pflichten
Bei dem Schritt der *Rollen, Regeln und Pflichten* spielen wir Rollen und setzen wir Regeln fest, um zu verhindern, dass wir wahrhaft geben. Wir nehmen diese Rollen in unserer Beziehung an, indem wir uns selbst aufopfern, um Schuldgefühle und Versagensängste zu kompensieren. Viele unserer Rollen sind das

Ergebnis von Mustern, die in unseren Ursprungsfamilien existieren. Wir wuchsen im Glauben auf, dass wir nicht nützlich, wichtig oder etwas Besonderes wären, und deshalb vergraben wir solche Gefühle von geringem Selbstwert und kompensieren sie, indem wir uns für andere unverzichtbar, wichtig und ganz besonders machen.

Ödipus

Die *Ödipus-Stufe* ist Teil der toten Zone. Auf dieser Stufe fühlen wir uns nicht wie in einem ausgefahrenen Geleise stecken oder ganz ausgebrannt (was typisch für die Stufe von Rollen und Regeln ist), sondern wir bewegen uns in tiefere Gefühle emotionaler und sexueller Leblosigkeit hinein, und schließlich spüren wir sogar Abscheu und Ekel für unseren Partner bzw. für unsere Partnerin. Auf dieser Stufe zeigen sich die Symptome des Ödipus-Komplexes zwar nicht zum ersten Mal, hier können sie jedoch wirksam geheilt werden.

Konkurrenz

Beim Schritt der *Konkurrenz* benutzen wir Konkurrenzdenken und -verhalten, um uns vor Angst zu schützen. Die Wettbewerbshaltung stammt aus einer gebrochenen oder unangemessenen Bindung in unseren Familien. In unseren Beziehungen führt diese Konkurrenzeinstellung zu Machtkämpfen und dann zu Leblosigkeit, da wir uns von unserem Partner zurückziehen, um eine Niederlage zu vermeiden.

Angst vor dem nächsten Schritt

Die Entwicklungsstufe der *Angst vor dem nächsten Schritt* wird von unserer Angst bestimmt, vorwärtszugehen. Wir möchten wissen, was der nächste Schritt sein und bringen wird, bevor wir bereit sind, ihn zu machen, und wir halten uns endlos lange hin, indem wir das herausfinden wollen. Unsere Angst hat meistens damit zu tun, die Kontrolle zu verlieren, oder etwas zu verlieren, was uns wichtig ist, oder ein Risiko einzugehen, das sich hinterher nicht gelohnt hat.

Felsen und Sumpf
An der Oberfläche sieht die Phase von Felsen und Sumpf aus wie der Schritt zwischen unabhängig und abhängig im Stadium des Machtkampfes, es gibt jedoch grundlegende Unterschiede. Wir spielen hier auch Rollen, aber sie beruhen auf einer anderen Art von Gefühlen. Wir spüren Leblosigkeit statt Schmerz auf dieser Stufe, und in Wahrheit geht es um Emotionen. Ein Partner spielt die Rolle des stoischen, sich opfernden Helden und ist der Ansicht, dass es für ihn kein echtes Leben gibt. Der andere Partner vermeidet seine bzw. ihre wahren Emotionen, indem er oder sie eher hysterisch reagiert. Diese Menschen haben sich nicht geliebt gefühlt, während sie aufwuchsen, und sie neigen dazu, „Nehmer" zu sein.

Krankheit und Selbst-Verachtung
Die Stufe von *Krankheit und Selbst-Verachtung* ist der letzte Schritt in der toten Zone; die Symptome können sich aber schon vom Beginn der Beziehung an gezeigt haben. In diesem Szenario rufen beide Partner um Hilfe und konkurrieren vielleicht sogar auf unterschiedliche Weise um Liebe. Der kranke Partner war vielleicht vom Anfang der Beziehung an immer mal wieder krank; solche Menschen benutzen ihre schlechte Gesundheit als Hilferuf, um Liebe und Aufmerksamkeit zu erhalten und um ihr Bedürfnis auszudrücken, dass jemand sie umsorgt. Krank zu sein wird zum Teil ihrer Identität. Menschen, die sich selbst missachten, kümmern sich überhaupt nicht um sich selbst, aber unter ihrer Haltung von „mich schert es einen Teufel, was mit

mir passiert" hoffen sie, dass jemand für sie sorgen wird oder sie veranlasst, sich um sich selbst zu kümmern. Solche Menschen, die nicht genügend Achtung für sich selbst haben, sind normalerweise zu beschäftigt, arbeiten zu hart oder sind zu sehr in Vergnügungen vertieft, sie essen oder trinken zu viel oder sie verletzen sich.

Das Stadium der Partnerschaft

Das ist eine Phase der Ruhe, des Friedens und der Ernte oder „Belohnung". Wenn wir sie erreichen, empfinden wir vermutlich Erleichterung und ein tiefes Gefühl des Wohlbefindens und der Sicherheit in unserer Beziehung. Wir arbeiten mit unserem Partner bzw. unserer Partnerin zusammen, tauschen uns mit ihm bzw. ihr aus und teilen mit ihm bzw. ihr – unsere Partnerschaft ist zu einer Lebensform geworden. Es gibt immer Themen und Probleme in Beziehungen, und es gibt sie auch in diesem Stadium, aber jetzt betrachten wir uns als ein Team, und wir haben unsere Herzen genügend geheilt, um sie als eines miteinander zu teilen. Auf dieser Stufe gibt es häufig auch (wieder) Gefühle der Verliebtheit.

Allerdings stellen sich zwei Herausforderungen. Die erste ist die Idee oder sogar Versuchung, dass es an der Zeit wäre, wieder von neuem in einer anderen Beziehung zu beginnen, weil wir das Gefühl haben, unsere Mission bzw. Aufgabe in dieser erfüllt zu haben.

Die zweite Herausforderung, die typischer ist, besteht in der Möglichkeit, dass tiefliegende Frakturen (tief verwurzelte Gefühle und Themen, die verdrängt wurden und in uns „weggebrochen" sind) aus unserem Unbewussten auftauchen, während wir uns in der Wärme unseres Erfolges sonnen.

Bei dieser Stufe müssen wir Vertrauen in unsere Beziehung setzen und haben, da es noch viel mehr gibt, was wir erreichen und heilen können, um vorwärts und aufwärts zu gelangen. Wenn riesige und sogar archetypische Frakturen hochkommen, heißt das, dass wir uns in einem solchen Maß heilen können, dass unser Leben und unsere Beziehung sich dramatisch verändert und ganz neue Gaben gewonnen werden, die wir genießen und mit anderen teilen können. Beide Partner sind dann in der Lage, zum nächsten Stadium fortzuschreiten, und sie spüren dabei eine Brücke zwischen sich, die stärker denn je ist.

Das Stadium der Führerschaft

Auf dieser Stufe bewegen wir uns von Partnerschaft auf einen Punkt zu, an dem wir uns gegenseitig dazu ermutigen, unsere Führungsqualitäten anzunehmen und zu verwirklichen. Die Alltagskämpfe sind beseitigt worden, und wir spüren ein machtvolles Gefühl von Frieden und Vertrauen zu unserer Beziehung und zu uns selbst. Jetzt sind wir auf einer Stufe, wo es Spaß macht, wo Energie fließt und es schöpferische Zusammenarbeit gibt – wir haben einen Schritt über Partnerschaft hinaus gemacht in eine Lebensphase der Transformation, Inspiration und echten Nähe und Intimität zwischen uns. Wir sind jetzt in der Lage, uns über unsere Beziehung hinaus anderen Menschen zuzuwenden und ihnen zu helfen und in unserer Umwelt einen positiven Energiefluss zu verbreiten.

Es gibt eine Reihe weiterer Stadien in der Partnerschaft, wozu die Stufen von Vision, Meisterschaft, Einheit und Vereinigung gehören, die in einigen Fortgeschrittenenseminaren behandelt werden.

Die Stadien und Stufen von Beziehungen werden in „*Wholeheartedness*" sehr eingehend behandelt. Dieses Buch vermittelt ein tiefes Verständnis von Beziehungen und Herzensbrüchen und beschreibt detailliert, auf welche Weise man sie heilen kann.

9. Die Welt spiegelt unser Bewusstsein

Dieses Kapitel ist kurz, aber besonders wichtig. Es ist kurz, damit das hier behandelte Thema deutlicher herausragt. Es ist so wichtig, dass dem Thema ein eigenes Buch gewidmet wurde, das weiter unten genannt wird. Es betont noch einmal eines der grundlegenden Elemente der Psychologie der Vision.

Chuck berichtet: Damals, in den 80er Jahren, hatte ich eine Praxis in Orange im Bundesstaat Kalifornien. Eines Tages besuchte mich einer meiner Klienten, der von Century City in Los Angeles, etwa eine Stunde entfernt, wo er arbeitete, nach Orange gefahren war. Er war noch ganz erschüttert, als er ankam, denn als er sein Bürogebäude verließ, waren Sanitäter gerade dabei, den Körper einer Frau auf dem Gehsteig abzudecken. Sie hatte sich gerade selbst getötet, indem sie von einem Fenster in seinem Gebäude in die Tiefe gesprungen war.

Ich ging mit diesem „Wachtraum" auf die gleiche Weise um, wie ich es manchmal mit Schlafträumen tue. Ich nutzte seine Intuition, um ihn zu jenem Zeitpunkt zurückzuführen, an dem dieses Ereignis eine Wurzel in seinem persönlichen Leben hatte. Es fiel ihm leicht, zu einer Zeit zurückzufinden, als er 16 Jahre alt war und einen Riesenstreit mit seiner Schwester hatte. Danach sprach er nie wieder mit ihr und sagte: „Es war, als ob sie für mich gestorben wäre."

Wir heilten seine Vergangenheit, indem er in Bezug auf die damalige Situation auf der geistigen Ebene eine neue Entscheidung für sein Verhalten traf und diese Szene damit „umschrei-

ben" konnte (siehe das Modell der Skripte). Das führte dazu, dass er bald darauf seine Schwester ausfindig machte und sich mit ihr versöhnte. Das bewirkte eine Wiederbelebung in ihrer Beziehung zueinander und in ihrem ganzen Leben.

Bereits 1975 begann ich intuitiv damit, Menschen zu den Wurzeln ihrer Probleme zurückzuführen. Von dort aus konnten wir Missverständnisse klären und eine neue Wahl treffen in Bezug auf ihre negativen Glaubenssätze. Wir konnten traumatischen Szenen ihres Lebens umschreiben, als ob es sich um Filmszenen handelte, die erst im Drehbuch geändert und dann im Rollenspiel vor der Kamera neu aufgenommen werden. In den meisten Fällen brachte das Erleichterung und Lösung der Probleme schon beim allerersten Mal, wenn wir an einem Thema arbeiteten.

Bereits damals hatte ich Menschen auch zu Traumata zurückgeführt, die sich ereigneten, als sie noch im Mutterschoß waren; manchmal sogar zu solchen Traumata, die im Augenblick der Empfängnis begannen. Vielleicht denken manche nun, das wären nur Imaginationen, Vorstellungen oder erfundene Stoffe, weil in solch frühem Stadium das Gehirn des Menschen noch nicht entwickelt ist. Und doch beschrieben meine Klienten manchmal sehr genau bestimmte Ereignisse, die passierten, als sie im Mutterschoß waren, und ihre Eltern bestätigten dann die Schilderung. Nach den entsprechenden Heilübungen verbesserte sich ihr Leben signifikant, und bestimmte Probleme verschwanden. Das war der Anfang einer Heilungsarbeit, die bis jetzt rund 30 Jahre andauert.

Bei dieser Heilarbeit und in den entsprechenden Übungen überspielt das intuitive Bewusstsein das Denkbewusstsein, das Erinnerungen begraben hat und dem Drehbuch des Egos folgt, und bringt die ganze Geschichte Stück für Stück nach oben. Da die Geschichte, die auftaucht, „ihre Story" ist, können die Menschen auswählen, welche Bilder, Überzeugungen und Gefühle zu ihrer Geschichte gehören. Sie können die vorhandenen verändern und sich dazu entscheiden, diese Szenen ganz oder teilweise umzuschreiben.

Auf diese Weise ist es möglich, die damalige Erfahrung, die bis jetzt immer noch in den eigenen Tiefen eingelagert ist, zu verändern. Damit werden auch die dazugehörenden zerstörenden oder zum Scheitern verurteilten Persönlichkeitsmuster transformiert. Zumindest lassen sich die Gefühle in Bezug auf solche weit zurückliegenden, aber immer noch wirksamen Traumata verändern.

Der Film unseres Lebens wird aus dem Projektionsraum unseres Bewusstseins abgespielt. Der Inhalt dieses Films oder Wachtraums spiegelt auf symbolische Weise unser Bewusstsein – genauso, wie der Inhalt eines Schlaftraums es tut. Dieser Wachtraum (also unsere Alltagserfahrung) enthüllt die Notwendigkeit, dass und in welchem Lebensbereich wir heilen müssen, und bietet zugleich die Möglichkeiten an, uns zu transformieren.

Die Welt, auch und besonders die äußere Welt und die Situationen, mit denen wir in dieser Welt zu tun haben, spiegelt unser eigenes Bewusstsein, unseren Geist. Wenn wir unser Bewusstsein transformieren, wenn wir unsere innere geistige Ausrichtung verändern, dann verändern wir damit auch unsere gesamte äußere Welt.

Die Grundlagen dieses sehr profunden und mächtigen Gedankens sowie eine Vielzahl von Arbeitsansätzen und Übungen werden in *Change Your Mind, Change Your World* aus der Psychologie der Vision eingehender behandelt.

10. Liebe – Das zentrale Prinzip der Psychologie der Vision

Der Weg der Liebe

Die Psychologie der Vision ist ein Weg der Liebe, ein Weg des Herzens. Diese kreative neue Psychologierichtung erkennt, dass Liebe sowohl der Weg wie das Ziel des Weges ist. Liebe wendet sich den Menschen zu, Liebe ist großzügig, Liebe ist gütig und barmherzig. Liebe kennt keine Aggression gegen andere oder gegen sich selbst. Liebe bewertet nicht; sie hilft stattdessen.

Liebe segnet; sie wünscht immer das Beste. Liebe ist der Mittler und das Gefährt für Wunder und erzeugt Heilung. Liebe fördert Wahrheit und das Verstehen, dass Bedürftigkeit, Gefühle der Besonderheit und sentimentale oder sexuelle Illusionen uns nicht erhalten können. Liebe ist die Grundlage des Seins und das allem zugrunde liegende Gewebe des Universums. Wo Liebe ist, dort ist Licht.

Wenn wir von allem Schmutz und aller Illusion gereinigt und befreit sind, dann wird offenbar, dass auch wir, wie unser Schöpfer, Liebe sind. Deshalb ist sehr wesentlich, dass wir Liebe als unsere höchste Wirklichkeit erkennen und annehmen. Das ist besonders notwendig und hilfreich in dieser Zeit, in der Angst, Getrenntheit, Entfremdung, Bewertungen und Krieg unser Leben ins Chaos stürzen.

Die transformierende Kraft der Liebe ist in der Arbeit der Psychologie der Vision vor allem eine Sache der unmittelbaren eigenen Erfahrung und weniger eine Frage der theoretischen Beschreibung. Zwei persönliche Geschichten sollen dazu dienen, zumindest eine Ahnung einer solch tiefgreifenden Wandlungserfahrung zu vermitteln.

Arthur

Lency berichtet: *Am letzten Tag von Arthurs Leben, einem wundervollen tropischen Sommertag 1982, gab er mir ein Geschenk, das für mein gesamtes Leben war. Meine Geschichte von ihm fängt drei Monate früher an. Arthur war 19 Jahre alt, als sein Arzt ihn zu mir schickte. Arthurs Bewusstsein hatte eine massive Abwehr gegen das Wissen aufgebaut, dass er an Krebs sterben würde, und man konnte ihn auf keinerlei Weise erreichen. Die Stimme des Arztes am Telefon fragte still, ob unser Zentrum ihm helfen könnte. Er stammte aus einer ursprünglich philippinischen Familie und wohnte in einer kleinen Stadt, ungefähr eine Stunde Autofahrt an der Küste entlang, auf der Insel Oahu auf Hawaii. Arthurs Arzt, der nicht daran gewöhnt war, so junge Krebspatienten zu betreuen, war ihm tief verbunden und wollte, dass Arthur verstünde, dass er sterben würde. Er wünschte ihm, dass Arthur Frieden mit der Welt machen und seinem Tod so bewusst wie möglich begegnen könnte. Arthur hatte das Förderungsprogramm für Jugendliche mit lebensbedrohenden Krankheiten besucht, das mein Heilzentrum anbot. Obwohl er anderen Jugendlichen sehr geholfen hatte, hatte er keinem dort erzählt, dass er selber krank war. Seine Abwehr war manchmal so groß, dass er die medizinische Behandlung im Krankenhaus ablehnte. Wenn er in stationärer Behandlung war, erlaubte Arthur seiner Familie nie, ihn zu besuchen. Und obwohl ich selbst einige Zeit mit Arthur verbracht hatte, hatte* *ich ihn doch nie wirklich „erreicht". Eines Morgens rief der Arzt wieder an, um mir zu sagen, dass Arthur wieder ins Krankenhaus gekommen war. Er würde den Tag wahrscheinlich nicht überleben. Könnte ich bitte noch ein letztes Mal kommen, um ihm zu helfen? Während ich dorthin fuhr, bekam ich Angst, dass ich mit der Situation nicht umgehen könnte und mich als unzulänglich erweisen würde – was ich tun oder sagen könnte, würde nie gut genug sein. Es war ein schmerzhaft schöner, lauer Tag in Waikiki; das Krankenhaus war am Strand mit Blick auf die Hänge des Diamond Head-Berges gebaut. Arthur lag allein in einem winzigen, fensterlosen Zimmer, mit Nadeln und Schläuchen mit dem Blutinfusionsapparat verbunden. Leberversagen hatte seine Haut so gelb wie einen Schulbus gefärbt, und in seinen vom Leberversagen gelb verfärbten Augen stand ein todkranker Blick.*

Ich setze mich neben ihn und öffnete mich von ganzem Herzen für ihn, so weit ich nur konnte. Ich blickte in sein Gesicht und fragte ihn nach einer Minute, „Wie fühlt sich das an?" Zum ersten Mal sahen wir uns wirklich in die Augen. Dann konnten wir, wie durch das Anziehen eines Bandes, in unsere Herzen fühlen; es war, als ob ein Schleier wegfiel, und zum ersten Mal kam echte Nähe zwischen uns auf.

Er sprach mich direkt an, nicht mehr durch die übliche Verwicklung von Angst und Abwehr. Mit einer Stimme voller Klarheit und Sicherheit sagte er mir, was er vom Leben gelernt hatte.

„Ich dachte immer, dass ich wusste, was wichtig ist. Ich glaubte, es sei wichtig, ein langes Leben zu haben; aber das habe ich aufgegeben. Dann dachte ich, es wäre wichtig, zumindest erwachsen zu werden, zu heiraten und Kinder zu haben; aber das habe ich aufgegeben. Dann entschloss ich mich, dass es im Leben wichtig sei, zum College zu gehen und ein Auto zu fahren und eine Freundin zu haben; ich hab auch das losgelassen. Schließlich kam ich zum Schluss, dass Gesundheit das

Wichtigste im Leben wäre. Aber heute musste ich sogar das aufgeben. Heute kann ich erkennen, was wirklich wichtig ist. Das Einzige, das im Leben wichtig ist, ist Liebe ... wie viel Liebe du gibst und wie viel Liebe du empfängst."

Die Wahrheit und Schlichtheit dessen, was er gesagt hatte, nahm mich gefangen. Und ich war verblüfft, wie bitter seine nächste Offenbarung war: „Deshalb fühle ich mich heute so schlecht. Ich spüre, dass ich niemals fähig war, Liebe zu geben oder zu empfangen." Die Verzweiflung in seinem Ausdruck war unglaublich schmerzhaft. In der folgenden Stille existierten nur noch er und ich, und der Ball war in meinem Spielfeld gelandet.

Ich bat Arthur, diese Fragen zu beantworten: In welchem Alter hatte er festgestellt, dass er nicht liebenswert wäre? Wo war er damals? Wer war dabei? Was geschah? Was wurde gesagt?

Er erinnerte sich rasch an eine Zeit, als er noch sehr klein war und es schien, als ob sein Vater ihn abgelehnt hätte. Er hatte damals die Schlussfolgerung gezogen, dass, wenn schon sein eigener Vater ihn nicht liebte, er gar nicht liebenswert sein könnte.

Als er nun auf dem Hintergrund von 19 Jahren Lebenserfahrung auf diese Zeit zurückblickte, erkannte Arthur, dass sein Vater ihn nicht wirklich abgelehnt hatte. Sein Vater war gerade arbeitslos geworden und steckte in einem Wust von Druck von allen Seiten und von Selbstzweifeln. Er befürchtete, dass er seine große Familie nicht mehr würde versorgen können. Dass er sich gegen seinen Sohn wandte, war einfach ein fehlgeleiteter Ausdruck seiner Angst, aber dahinter steckte keinerlei Ablehnung. Er hatte in Wahrheit Arthur immer geliebt.

Arthur erkannte nun, dass er sich der Liebe jahrelang ohne Grund widersetzt hatte. Der ganze Fehler baute auf diesem einfachen Missverständnis auf. Ich erzählte ihm etwas, was ich aus Ein Kurs in Wundern *gelernt hatte: „„Liebe wartet darauf, willkommen geheißen zu werden, sie wartet nicht eine bestimmte Zeit ab. Alle Liebe, die du hattest, ist immer noch bei dir und wartet nur darauf, eingelassen zu werden. Du kannst sie jetzt hereinlassen."*

Arthur mochte diesen Vorschlag. Mit einem neuen Leben in seinen Augen erklärte er seine Bereitschaft, all die Liebe zu empfangen, die seine Freunde schon immer durch die Jahre hindurch für ihn hatten. Er schloss seine Augen und öffnete sein Herz. Er lag einige Minuten still da und sog die Süße und den Trost ein, die er im Erleben der Liebe seiner Freunde spürte. Ein Hauch von Frieden lag in der Luft und ließ sie von Glück und Beseligung duften.

Als er daraus auftauchte, sagte Arthur mir, dass er nun bereit war, die Liebe seiner Familie zu empfangen. Erneut sank er in sein inneres Erleben ein und schloss sanft die Augen. Die Zeit schien stillzustehen und fest zu werden. Zunächst dachte ich mir, dass er vielleicht eingeschlafen war. Nach einer Weile blickte er auf und sagte, während er mich anlächelte: „Jetzt bin ich offen dafür, die Liebe Gottes zu empfangen."

Damit schloss er wieder seine Augen. Das Zimmer wurde von Unschuld und der Schönheit einer großen Freude weich durchzogen, und es wurde ein Andachtsraum mit der Heiligkeit einer Kathedrale daraus. Eine Welle von Beseligung flutete über Arthurs Gesicht. In den folgenden Minuten sagte ich ihm still meinen Abschiedsgruß und ließ ihn ungestört in seiner Kommunion mit seinem Schöpfer.

Am nächsten Morgen rief der Arzt in meinem Büro an. „Was hast du Arthur gestern gesagt?", fragte er ganz aufgeregt. Da ich zögerte, erklärte er schnell, dass die Nachtschwester ihn angerufen und die ominöse Meldung gemacht hatte. Er war in sein Auto gesprungen und zum Krankenhaus gerast, aber kam zu spät, da Arthur bereits verstorben war.

Er entschied sich, in das Zimmer zu gehen, in dem Arthurs Körper lag, um ihm seinen letzten Gruß zu entbieten. Als er zum Bett kam und das Gesicht des Jungen sah, mochte er seinen Augen nicht trauen. Er sah das schönste Lächeln, das er je in seinem Leben erblickt hatte. Ein Ausdruck von herzerweichender Freude und Überschwang strahlte die Verklärung aus, die Arthur erleben konnte, als er starb. Der Arzt hielt den leblosen Körper des Jungen in seinen Armen und weinte Tränen des Schmerzes über den Verlust, aber auch Tränen der Freude und Hoffnung.

Dieser Mann hatte sich auf Krebsbehandlung spezialisiert, weil er seiner eigenen Angst vor dem Tode entgegentreten wollte. Arthurs freudvoller Übergang war das größte Geschenk, das er seinem Arzt hatte geben können.

Das Geschenk, das ich von Arthur erhalten hatte, war die Einsicht, dass es nie zu spät dafür ist, eine glückliche Kindheit zu haben.

Leid, Unschuld und große Liebe

Leid ist eines der Hauptmerkmale des menschlichen Geistes. Unser Bewusstsein ist sehr fähig, Leid zu produzieren, und es tut das reichlich. Die größte Herausforderung, der wir uns gegenübersehen, besteht darin zu entdecken, was wir tun, um dieses Leid zu verursachen, und darin, das Gegenteil zu tun. Die Welt mag wie eine Falle erscheinen, weil alle Ziele und Wünsche unseres Egos am Ende immer zu Leid führen. Wir verwechseln Glück mit Vergnügen und erkennen dabei die endlosen Kreisläufe von Wünschen, Vergnügungen und Leiden nicht, die unsere eigene Wahl produziert.

Diese Welt ist jedoch ein gänzlich sicherer Ort, der die Gelegenheit bietet zu lernen, weil er in sich völlig konsistent ist. Wenn wir uns richtig entscheiden und die richtige Wahl treffen, führt uns das immer aus Leid heraus und zu Glück und Glückseligkeit hin.

Es gibt nur zwei Richtungen, in die sich der Geist wenden kann. Eine Richtung führt zu Wahrheit, Unschuld, Freude und Wirklichkeit. Diese Ausrichtung führt uns vom Leid fort. Die andere Richtung führt uns tiefer und tiefer in leidvolle Illusion hinein, die von Schuld, Konkurrenz, Aggression und Beurteilung aufrechterhalten wird.

Unsere Egos führen uns ständig in diese Richtung, weil es zur Auflösung des Egos führen würde, auf die Wahrheit zuzugehen. Wir schaffen den Himmel oder die Hölle auf Erden, nur aufgrund der Ausrichtung, in die sich unser Geist wendet. Jeden Augenblick treffen wir eine Wahl – ob das nun bewusst oder unbewusst geschieht – für eine dieser beiden Richtungen. *Ein Kurs in Wundern* beschreibt dies als eine Entscheidung entweder für Liebe oder für Angst, und er drängt uns, neu zu wählen, wenn wir unrichtig entschieden haben.

Unsere Lernaufgabe besteht also darin, uns ständig für die Ausrichtung auf Liebe und Unschuld zu entscheiden und die aufreizenden Verlockungen, unser Bewusstsein in Angst und Schuld zu verstricken, links liegen zu lassen. Wenn wir lernen, „harmlos" zu sein, wird unser Leben von der Gnade und dem Glück des Unschuldigen erfüllt.

Die verschiedenen Ebenen des menschlichen Bewusstseins spiegeln den Grad, zu dem wir fähig sind, für uns und andere Unschuld zu wählen. Für die meisten von uns ist Leid immer noch eine notwendige Komponente unseres Lernprozesses. Leid gibt uns die Rückmeldung, wenn wir eine falsche Wahl getroffen haben. Und doch gibt es andere Menschen, die jenes Stadium der Bewusstseinsevolution erreicht haben, in dem sie Leid nicht mehr als Lernwerkzeug brauchen. Sie sind jenseits der Verlockung von Schuld und finden ihre Motivation, um zu heilen, zu wachsen und zu reifen im Ruf der großen Liebe, der immer unwiderstehlicher wird.

Die Erfahrung von Liebe

Die meisten Menschen erleben das *Gefühl* von Liebe nicht wirklich. Sie haben vielleicht Ideen über Liebe und versuchen, sie zu definieren. Sie spüren vielleicht ein Bedürfnis oder Eifersucht, aber sie fühlen nicht die körperlich warme, süße Liebe, sie erfahren Liebe nicht als kinästhetische Energie. Die meisten Menschen können die Liebe der Menschen in ihrer Umwelt oder die Liebe, die Gott für sie hat, nicht spüren.

Und doch ist der Energiefluss der Liebe von und zu einem Menschen das einfachste und zugleich wirksamste Instrument der Heilung. Immer, wenn Liebe in eine Person eintritt, muss Leid verschwinden. Wenn das Herz erst einmal geöffnet ist, dann öffnen sich nacheinander auch die höheren Zentren. Diese höheren Zentren erlauben uns, Gottes Gnade zu erfahren und Wunder zu empfangen – was schließlich zum Erleben von Seligkeit führt.

Wenn die Öffnung dieser Zentren abgeschlossen ist, wird sich das auch als vorteilhaft für die Meditation und das Erleben einer täglichen Verbindung mit Gott erweisen. Das hat nichts mit

Religion zu tun; vielmehr wird diese Methode auf leichte Weise sowohl von Menschen aus allen Glaubensrichtungen angewandt wie auch von solchen, die keinem Glauben folgen. Der Vorgang, das Herz und die höheren Zentren zu öffnen, dient dazu, dem Menschen auf seinem spirituellen Weg voranzubringen und ihm bei seiner persönlichen Transformation und der Verwirklichung seines Potenzials zu helfen.

Eine allgemeine und grundlegende Methode dafür wird „Joining" genannt. In vielen Tausenden von Fällen hat diese Methode ihren therapeutischen Wert unter Beweis gestellt. Sie ist von Kursleitern in Hunderten von Seminaren in vielen Ländern und Kulturen angewandt worden.

Joining – Die grundlegende Methode der Psychologie der Vision, um das Herz zu öffnen

Lency berichtet: Ich habe diese Methode viele Jahre hindurch entwickelt, in vielen Tausend Stunden der therapeutischen Arbeit mit einzelnen Klienten und in Gruppen. Ihre Wirksamkeit und Anwendungsbandbreite haben sich zunehmend entwickelt, im Gleichklang mit meinem persönlichen Wachstum. Durch die Joining-Methode war ich in der Lage, die „Schwingung" meiner eigenen spirituellen Bewusstheit an Seminarteilnehmer und den Stab in der Psychologie der Vision zu vermitteln. Immer, wenn ich selber einen Schritt nach vorn gemacht und mich für eine neue und höhere Dimension der Liebe geöffnet habe, wird das auch bald in den Gruppen der Psychologe der Vision spürbar, wenn diese neue Bewusstheit von den Trainern an verschiedenen Orten der Welt übermittelt wird.

Es gibt einige Grundelemente und Schritte bei diesem Prozess des Joining. Aber natürlich stellt sich jede Situation anders dar, bietet unterschiedliche Herausforderungen und Chancen und erfordert einen sehr individuellen und intuitiven Zugang. Die folgende Darstellung beschreibt die inneren Schritte, welche zur Erfahrung des Joining führen. In den Seminaren der Psychologie der Vision wird dieser Prozess durch die Bewusstheit der Trainer gefördert und durch deren Verbindung mit der Quelle der Liebe.

Am Anfang müssen wir uns auf den anderen Menschen (oder eine ganze Gruppe) auf einer völlig gleichberechtigten „horizontalen" Basis einstellen, wobei wir uns weder überlegen noch unterlegen fühlen. Wenn wir das einmal tun, entdecken wir rasch, dass wir in Bezug auf die meisten wichtigen Aspekte alle dieselben sind, ungeachtet des Alters, Geschlechts, sozialen Stands und so fort.

Wenn wir den anderen Menschen auf diese Weise sehen, erkennen wir auch, dass es zwischen uns keine Trennung gibt. Wir könnten unser Selbst sogar so beschreiben, dass es die andere Person einschließt! Da wir eins sind, können wir natürlich die Gefühle des anderen Menschen spüren.

Wenn das geschieht, kommt ein drittes Element hinzu, das Element der Liebe. Es ist wie ein Dreieck: Wenn sich zwei von uns verbinden – wie bei einer Linie zwischen den beiden Punkten der Basis eines Dreiecks links und rechts unten –, macht sich automatisch von oben ein drittes Wesen (Gott/Spirit/höheres Selbst) bemerkbar, um Teil dieser Beziehung zu werden. Dieses Dritte bildet sozusagen die Spitze des Dreiecks, mit der die beiden Eckpunkte unten verbunden sind. Dadurch entsteht eine Dreiheit.
Wenn das passiert, gibt es einen Fluss von Liebe aus der Quelle der Liebe über den beiden, die sich miteinander verbunden

haben. Heilung ereignet sich, weil dieser Fluss der Liebe oder Gnade aus der Quelle alles, was nicht Liebe ist, an die Oberfläche des Geistes drückt, von wo aus es gelöst und freigegeben wird, indem es sich durch unser Alltagsbewusstsein hindurch bewegt. Alles, was zur Heilung notwendig ist, besteht darin, dass das Leid, in welcher Form es auch aufscheinen mag, bewusst angesehen und anerkannt wird. Am Ende der Heilung erfüllt Liebe den Innenraum, in dem zuvor das Leid in uns wohnte.

Wenn sich ein solches Joining vollzieht, taucht nicht nur Leid auf, sondern ein ganzes Problemthema, das von der Liebe an die Oberfläche gespült wird. Die Liebe wird sich diesem Thema oder Problem stellen und es durch die höheren Zentren nach oben bewegen, bis es vollständig geheilt ist. Wenn das passiert, findet im Bewusstsein beider beteiligten Personen ein Wunder statt.

Wenn dieses Wunder geschieht, ereignet sich eine Verschiebung oder Umkehr von der horizontalen zur vertikalen Wahrnehmung: Wir erleben tatsächlich, dass unser Bewusstsein und der Geist Gottes miteinander verbunden sind. Wenn wir dessen gewahr werden und diese Bewusstheit in unserem Geist verankern, verstehen wir, dass es „hier gar kein Problem gibt". Wir sehen nur Vollkommenheit um uns herum – als ob in unserer Welt mit einem Male ein ganz neuer Hintergrund erschienen wäre.

Da unser Geist in Verbindung mit dem Geist Gottes steht, fangen wir zu lachen an, da Gottes Geist immer lacht. Das ähnelt dem „buddhistischen Lachen". Während der Joining-Sessions in den Seminaren der Psychologie der Vision lachen manche Teilnehmer vielleicht sogar stundenlang und verbinden sich, um „Seligkeits-Lokomotiven" zu bilden, die noch mehr Gnade in die Gruppe fließen lassen, oder sie arbeiten in Teams, um anderen zu helfen, in diesen Zustand zu gelangen. In der Tradition der spirituellen Mystik sind sie „trunken vor Lachen".

Das passiert natürlich nicht mit jedem am ersten Wochenende; eine Person, die später zu einem sehr begabten Trainer wurde, nahm 120 Tage an Kursen und Seminaren der Psychologie der Vision teil, bevor sie diese Seligkeit erfuhr. Das Großartige am Joining-Prozess ist jedoch, dass es einem Menschen möglich ist, in das Wochenendseminar als Atheist zu kommen und als ein Mystiker herauszukommen, der eine unmittelbare eigene Erfahrung von der Wirklichkeit der Liebe Gottes hatte. Die folgende Geschichte ist ein Beispiel dafür, was sich in kurzer Zeit tatsächlich ereignen kann.

Die Frau aus Nagasaki

__Lency berichtet:__ Das Gesicht der Frau aus Nagasaki, die am Seminar teilnahm, war einfach und stark, und eine tiefe Empfindsamkeit schenkte dem Gesicht auch Schönheit. Zwar hatte ihr nicht die Atombombe die Eltern genommen, aber andere Tragödien waren passiert. Mit 13 Jahren war sie Vollwaise, und seither hatte sie gearbeitet.

Sie war intelligent und fleißig und hatte so eine Krankenschwesterprüfung bestanden und damit ihre Unabhängigkeit erworben. Jetzt, so viele Jahre später, litt sie unter der Einsamkeit in ihrem Leben als Alleinstehende. Sie liebte einen Mann, konnte sich aber nicht überwinden, ihn anzusprechen. Sie wollte ihr Leben mit jemandem teilen, sie wollte geliebt sein, sie wollte in einer Beziehung sein. Durch die Übersetzerin ließ sie fragen, was sie tun sollte.

Ich fragte sie, ob sie sich selber diese Beziehung versagte, weil sie sich gar nichts anderes vorstellen konnte, als verwaist, verlas-

sen und allein zu sein? Hatte sie niemals aufgehört, den Verlust ihrer Mutter und ihres Vaters zu beklagen, hatte sie nie aufgehört, die damit verbundene Angst und die Seelenqualen zu fühlen? War es altes Leid, was zwischen ihr und ihrem Glück stand?

Ja.

Wäre sie bereit, die Trauer des Verlassenwerdens zu beenden, damit sie ihre Zwanghaftigkeit, allein zu sein, beenden könnte?

Ja.

Die Frau kam nach vorn und setzte sich neben mich. Langes Leiden hatte ihre Augen leblos gemacht ... ihre Trauer war weit entfernt, vergraben, von ihr abgespalten und lange unerinnert geblieben. Sie schaute mich an, leer, aber bereitwillig.

Indem ich meine ganze Aufmerksamkeit auf sie richtete, konnte ich sie zu meinem Ein und Alles machen; sie war nicht nur das Wichtigste in meinem Leben, nicht nur genauso wichtig wie ich selbst, sie wurde vielmehr zur Ganzheit der Existenz. Von da an konnte ich beobachten, dass ich diese Frau war. Wir waren eins, ich hatte mich vergessen, war willens, hier zu sein und sie zu sein, gleich, was geschehen sollte.

Durch diese enge persönliche Verbindung „schwamm ich in sie hinein" und wollte nun nach etwas von ihr spüren, das ich ergreifen könnte, das ich erkennen und erfahren würde. Zwei Minuten lang schauten wir uns an, während ich nach ihrem Herzen suchte. Die anderen japanischen Seminarteilnehmer sahen zu und wussten aus früheren Kursen, was sich ereignen würde.

Endlich konnte ich in meiner Brust die Rauheit fühlen, die Kompaktheit einer verdrängten menschlichen Erfahrung, irgendeine Emotion, die noch zu tief in ihrem Unbewussten untergetaucht war, um sie definieren zu können. Das war der Beginn, ein Überbleibsel, der erste Finger, nach dem ich greifen konnte. Nun konnte ich anfangen, ihr Herz durch meines zu erspüren.

Dann, oh! ... schmerzhafte Trauer ... Verlust ... Die Frau krümmt sich nach vorn und weint in ihre Hände. Innerlich spüre ich in die intensive Dichte ihres Leids und ziehe es ans Licht.

Ein Strom von gewaltiger Intensität fegt durch uns hindurch, dann die Süße der Inspiration, eine wilde Heiterkeit. Wir leben, wir sind lebendig*! Das Leben fordert uns auf, alles, was nicht stimmt, stimmig zu machen, alles, was weh tut, wieder ganz zu machen und zu heilen. Sie weint und wirft sich dann in meine Arme.*

Mein Auge erfasst Bewegung in der Gruppe: sich bewegende Arme und Beine, sich wiegende Körper – die anderen sind tief in ihrer eigenen Heilung versunken. Mitglieder des Seminarstabs hielten und unterstützten jene Teilnehmer, die am schnellsten durch Emotionen taumelten. Fast jeder im Raum ist wie blind vor Tränen, als die alte, vielleicht uralte Seelenpein der Einsamkeit aufgelöst wird. Zwei der Männer schluchzen am lautesten. Es ist wie Musik, es ist Schönheit, eine Geburt!

Die Emotion braust durch mein eigenes Herz wie ein Jetstrom. Heiterkeit! Schon bald bewirkt die Balance der Emotion eine deutliche Veränderung. Ich kann Liebe fühlen. LIEBE jetzt! Eine so große Liebe, so endlos, so fröhlich und erfüllend, so lebendig und einfühlsam! Ich spüre Demut in ihrer Gegenwart, aber keine Befangenheit. Dankbarkeit, aber keine Getrenntheit.

Die Veränderung hat auch in der Frau stattgefunden, und ebenso im Gruppenbewusstsein. Sie weint noch immer, während ich in ihre Augen blicke, aber die Tränen rühren nun aus der Begegnung mit Liebe her. Die Schönheit dieser Liebe ist fast unerträglich, weil sie alle Bedürftigkeit, jeden Mangel nach oben spült. Die Gruppe ist von diesem Ereignis tief bewegt und seufzt auf vor Hunger nach dieser Liebe.

Dann, als ich die Frau betrachte, werde ich von einem Mitgefühl erfasst, das sich über sie hinaus erstreckt. Durch ihr mir nicht vertrautes, exotisches Gesicht sehe ich die zahllosen Millionen Kinder der Erde, die ihr Leben in derselben Bedürftigkeit führen, deren Herzen nicht berührt sind, die nach Wertschätzung hungern. Wir sind alle eines, miteinander unauflöslich verbunden; in Wahrheit sind wir ein einziges Wesen.

Mein Bewusstsein erhebt sich, und ich spüre Engel oder geistige Freunde – wer immer sie auch sein mögen –, die immerzu gerade oberhalb unserer Bewusstheit sind und sich immer mit ihrer Aufmerksamkeit, Vision und Hilfe uns zuwenden. Wie wunderbar es ist zu wissen, dass sie sich so um uns kümmern! Eine süße Kommunion, und dann eine weitere Veränderung.

In mir bricht eine Erinnerung auf. Ich bin nicht mehr ich selbst oder eher nicht mehr nur ich selber. Mein Bewusstsein erhebt sich zur Erfahrung, dass ich als menschliches Wesen eins bin mit Mutter/Vater Gott. Diese Frau, alle diese Kinder, sind unsere. Sie sind unaussprechlich kostbar. Wir lieben sie. Und durch sie erreiche ich alles, was uns eigen ist. Ich spüre, wie sie Uns empfangen ... Erfüllung ... Freude ... Ekstase ... Eins-Sein!

Ich höre Lachen im Raum und komme zu mir selbst zurück. Als ich mich umschaue, sehe ich, dass schon viele Teilnehmer lächeln, fröhlich sind, dankbar, sich umarmen und überfließen. Ich wende mich wieder der Frau zu und sehe, dass ihre Augen voller Erstaunen sind. „Danke, danke! Jetzt fühle ich mich glücklich!", sagt sie auf Englisch.

In meinem Herzen kann ich die Veränderung in ihr spüren. Sie ist geheilt, ganz, offen, lebendig und glücklich. Ihr Leben wird ab jetzt ganz anders sein. Wir spüren, wie Dankbarkeit von oben in uns einfließt. Wir fühlen, wie wir erkannt werden, und die Engel tanzen.

Anwendung der Joining-Methode durch Therapeuten und Trainer

Joining ist eine sehr machtvolle Technik, ob sie nun mit einem Klienten in einer Einzelsitzung oder mit vielen Teilnehmern in einer Gruppe angewandt wird. Sie ist vor allem deshalb so wirkungsvoll, weil sie das Problem oder den emotionalen Schmerz, der sich an der Oberfläche der Bewusstheit präsentiert, annimmt und dann das Thema, das dahinter steckt, Schicht um Schicht, Trauma für Trauma klärt und auflöst, bis zurück zur Wurzel des Problems.

Zum Beispiel kam eine Frau in eine Sitzung oder einen Workshop, weil sie eine kürzlich erfolgte Vergewaltigung überwinden wollte. Im Verlauf einer Joining-Session konnte sie sich all der emotionalen Schmerzen dieses Geschehens (das oft auch ein außerordentlich gewaltsamer körperlicher Angriff ist) bewusst werden und sie loslassen. Nachdem dieser Schritt gemacht war, konnte sie das Leid, das sie durch den Missbrauch ihres Vaters erfahren hatte, als sie noch ein ganz kleines Kind war, loslassen. Da diese Verletzung durch den ersten Missbrauch die Ursache dafür war, dass sie die Vergewaltigung in ihrem Leben manifestiert hatte, waren beide Ereignisse miteinander verknüpft und in ihrem Körper/Geist-System auch so zusammen gespeichert.

Zwischen solchen zwei Traumata werden in vielen Fällen die Leiden anderer Ereignisse aus der Vergangenheit gespeichert, die eine ähnliche Art von Gefühlen hervorgerufen haben. Wenn man die Vergewaltigung heilt, indem man sie in die bewusste Aufmerksamkeit heraufholt, werden die anderen Geschehnisse automatisch auch hervorgeholt, meistens in chronologischer Folge rückwärts.

Das ist ähnlich wie bei einer Schachtel mit dünnen Papiertüchern. Wenn alle Tücher in der Schachtel zusammen ein Problem ausmachen, dann stellt jedes Einzeltuch eine emotionale Schicht dieses Themas dar – ein bestimmtes schmerzliches Ereignis, einen Glaubenssatz oder eine Ich-Vorstellung. Während jedes Tuch einzeln herausgezogen und damit aus der Schachtel „befreit" wird, zieht es automatisch das nächste Tuch (bzw. die nächste Lage eines Leidens oder einer Dissoziation) hervor. Wenn man die Liebe weiter fließen lässt und die gemeinsame Aufmerksamkeit von Klient und Therapeut bzw. von Kursleiter und Teilnehmern auf das Fühlen gerichtet hält, wird Schicht um Schicht auftauchen und aufgelöst werden können.

Wenn das Thema dann aus dem Körper/Geist-System völlig herausgelöst ist, wird der Mensch ein Wunder erleben. Eine solche Frau wie in dem Beispiel wird dem Vergewaltiger die Vergewaltigung völlig verziehen haben, dem Vater den Missbrauch vergeben haben, und ebenso jedem Menschen, der ihr zwischen diesen beiden Zeitpunkten Gewalt angetan hat. Sie wird für den Vergewaltiger nichts außer positiver Achtung fühlen und erkennen, dass sie die Vergewaltigung kreiert hatte, um sich selbst zu helfen, in Kontakt mit dem früheren Missbrauch zu kommen und diesen zu heilen. Und sie wird, möglicherweise zum ersten Mal in ihrem Leben, echte Liebe und Mitgefühl für ihren Vater empfinden.

Obwohl ein Mensch während einer Joining-Session durch sehr dramatische emotionale und körperliche Freisetzungen, Klärungen und Lösungen gehen kann, hat sich diese Methode doch als sicher bewährt. Keine Emotion ist zu groß, wenn man sie mit anderen teilt, und Liebe übernimmt den Part der Heilung. Ein Thema wie das oben kurz angesprochene braucht vielleicht nur eine Stunde, um ganz zu heilen, wenn der Mensch bereit und fähig ist (mit entsprechender therapeutischer Begleitung natürlich), durch seine Schichten der Abwehr und Ablehnung hindurchzugehen. Es hängt alles von der Bereitwilligkeit der Person ab, von ihrem Grad an Dissoziation und von der Zahl der Schichten, mit denen man sich beschäftigen muss. Auf jeden Fall und immer kommt es zu einer tiefen Transformation in einer sehr kurzen Zeit.

Depressionen sind mit dieser Methode leicht zu heilen, genauso wie Herzensbrüche. Wenn Klienten die zugrunde liegende Emotion spüren, welche die Symptome bewirkt, dann können sie auch Phobien überwinden, Essstörungen und manche mentalen Krankheiten. Alles, was dazu erforderlich ist, besteht darin, dass der Therapeut sich nicht vom Heilungsprozess abtrennt, sondern zusammen mit dem Klienten all diese Emotionen erlebt im Vertrauen, dass die Heilung für beide gemeint ist und geschehen wird. Schließlich handelt es sich ja nur um Emotionen.

Um diese Art von Heilung zu leisten, muss der Therapeut vollständig aus der Rolle oder Position heraustreten, zu der er normalerweise ausgebildet worden ist. Man kann und darf dabei keine „professionelle Distanz" bewahren. Man darf dem Klienten gegenüber keine höhere oder überlegene Position einnehmen. Der Therapeut muss vielmehr willens sein, sich auf den anderen Menschen auf dessen Ebene zu beziehen, und er muss bereit sein, seine eigenen Themen, die betroffen sind, gleichzeitig mit dem Klienten zu heilen.
Man kann nicht vorhersagen, wer dabei die größere Heilung erfährt, der Therapeut oder der Klient. Der Therapeut muss willens sein, den Klienten zu lieben, ihn zu berühren und ihn zu halten, wenn er eine Stütze braucht – ganz so, wie eine Mutter

ihr Kind halten und trösten würde. Der Therapeut muss, um die Macht der Liebe für die Heilung einsetzen zu können, alles hintanstellen, was er bisher über den Umgang mit Klienten gelernt hat. Das erzeugt übrigens keineswegs eine Abhängigkeit in der Beziehung, sondern heilt sie vielmehr.

In diesem Ansatz steckt ein großer Nutzen für Therapeuten. Da diese Methode vom Therapeuten verlangt, parallel zum Klienten zu heilen, zu wachsen und zu reifen, wird die therapeutische Arbeit zugleich zum persönlichen Weg der eigenen Heilung. Joining erweitert die Fähigkeit des Therapeuten, Liebe zu geben und zu empfangen, und erweitert seine Beziehung zum Göttlichen. Die Heilung, die stattfindet, ist tatsächlich nur so etwas wie ein Nebenprodukt dieser Arbeit. Deren wahres Ziel ist, höheres Bewusstsein zu entwickeln.

Liebe heilt alles; sie ist das, was wir uns mehr als alles andere wünschen. Deshalb sind Liebe und die von ihr hervorgerufenen Wunder immer im wahren Mittelpunkt der Psychologie der Vision.

11. Alltagsanwendungen der Psychologie der Vision

Die Welt heilen:
Die Welt und der persönliche Prozess

Uns selbst zu heilen und die Welt zu heilen sind zwei Aspekte desselben Prozesses. Einen persönlichen Herzensbruch zu heilen bringt uns einen Schritt näher daran, einen globalen Herzensbruch zu heilen, der die Spiegelung Tausender von Herzensbrüchen darstellt. Die Psychologie der Vision betont die Heilung unserer Vergangenheit und unserer persönlichen Beziehungen. Die enge Verbindung aller Menschen untereinander macht jedoch die persönliche Heilung zur wesentlichen Voraussetzung und zum entscheidenden Faktor auch für die globale Heilung.

Indem wir uns selbst heilen, verändert sich unsere Wahrnehmung und wir kommen in unserem Leben voran. Das übt auf alle Menschen in unserer Umwelt eine Wirkung aus, und ebenso auf das gesamte Feld des menschlichen Bewusstseins. Ein gigantischer Schritt vorwärts in unserer Evolution ist ein vielleicht nur winziger Schritt für die Evolution der Welt, aber trotzdem ist es ein Schritt.

Gleichzeitig setzt sich die Psychologie der Vision entschieden dafür ein, zu einer sozialen Veränderung beizutragen, indem sie in spezifischen Notsituationen an mehreren Orten der Welt aktiv tätig ist.

Welchen Nutzen hat das Individuum?
Die Psychologie der Vision hilft Individuen, indem sie ihnen Hoffnung macht, auch angesichts scheinbar unlösbarer Probleme. Sie gibt eine Art „Betriebsanleitung für den Eigentümer" an die Hand, die den Menschen hilft, ihre Emotionen zu verstehen, ihr Bewusstsein, ihren Lebenszweck, ihre Beziehungen, Familien und die Fallen, in die wir uns immer wieder begeben.

Diese kreative Schule einer Psychologie für das 21. Jahrhundert bietet Unterstützung und (Aus-)Bildung durch ein Magazin, eine interaktive Website, durch Foren, „Licht-Bytes", die per E-Mail im Audio- und Videoformat abgerufen werden können, über Internet-Radio, durch Bücher, Videos, Trainingsprogramme, Artikel, Vorträge, persönliches Coaching und Seminare.

Vor allem aber ist im Rahmen der Psychologie der Vision eine offene Gemeinschaft von Menschen entstanden, die aktiv für ihre persönliche und spirituelle Entwicklung arbeiten und die sich gegenseitig und untereinander helfen, während sie durch die Herausforderungen, Prüfungen und Feiern des Lebens gehen.

Hilfe für Organisationen
Die Psychologie der Vision hilft Organisationen (Projektgruppen, Firmen, Vereinen, Behörden, Institutionen etc.), indem sie eine Landkarte der Entwicklung zur Verfügung stellt. Darin gewinnt die Anwendung der weiblichen Aspekte unseres Bewusstseins für Organisationen besondere Bedeutung. Dazu gehören die Kraft von Beziehungen, Wärme, Fühlen und die Fähigkeit zu empfangen.

Die Psychologie der Vision führt für Firmen in aller Welt In-House-Trainings durch, um deren Firmenprozess zu verstehen,

Probleme zu erkennen und zu korrigieren, Herz und Integrität zurückzugewinnen, Konflikt und Konkurrenz innerhalb der Firma aufzulösen und einen Sinn für Vision, Zusammenhalt und Teamwork zu entwickeln.

Sie unterstützt Organisationen durch Vision, die Entwicklung von Führungsqualitäten und Teamarbeit mittels Seminaren und Trainingsmaterialien. Sie erinnert die Menschen an die Wichtigkeit von Herz und Seele und hilft ihnen, sich an ihre Aufgabe zu erinnern.

Unserer Welt geben: Sozialprojekte in der Welt

Die Psychologie der Vision setzt sich dafür ein, sowohl als Organisation wie als eine wachsende offene Gemeinschaft von Menschen aus vielen Ländern, unserer Welt zu helfen. Inzwischen sind einige spannende humanitäre Projekte entstanden, die dabei sind, viel zu verändern.

In und durch diese internationalen Projekte wird eine konzentrierte Anstrengung unternommen, spirituelle und humanitäre Vorsätze sowie Verantwortung für die Welt miteinander zu verbinden. So wird in der Alltagspraxis des wirklichen Lebens gezeigt, wie die Prinzipien der Psychologie der Vision angewandt werden und besondere Gaben und Hilfen für einige ausgewählte Gemeinschaften in der Welt gegeben werden können.

In den letzten Dutzend Jahren haben Mitglieder der „Familie" der Psychologie der Vision und solche, die ihr nahe stehen, über eine Million Dollar für die Gemeinwohl-Stiftungen der Psychologie der Vision gespendet.

Trainer und Verwaltungsmitarbeiter der Psychologie der Vision halten regelmäßig kostenlose Seminare in Nordamerika für First Nations/Native Americans (Erste Nationen/Indianische

Ureinwohner); desgleichen für Menschen in Sambia, Kenia und Bangladesh. Bislang wurden kostenlose Stipendien für Seminare für annähernd eine Million Dollar zur Verfügung gestellt.

Stiftungen, welche die Psychologie der Vision direkt unterstützt bzw. unterhält, sind derzeit:
- *The First Nations Fund:* stellt Trainings auf Indianer-Reservaten zur Verfügung und hilft bei Spesen bzw. Ausbildungskosten, wenn Menschen aus den Stämmen Nordamerikas die Prinzipien der Psychologie der Vision in ihrem Leben anwenden wollen.
- *The African Fund:* entsendet Trainer und trägt die Kosten von Workshops in Afrika; zahlt auch Reisekosten für Afrikaner, die an internationalen Workshops teilnehmen möchten.
- *The India Fund:* unterstützt ein Waisenheim in Kerala, Indien.
- *The HIV Fund:* bietet Stipendien für Menschen, die in HIV-Gruppen arbeiten, damit sie die Psychologie der Vision als ein wirksames Modell der Heilung erlernen und anwenden können.
- In Hawaii ist der Antrag eingereicht worden, die *Foundation for Aboriginal Vision and Healing* (Stiftung für Vision und Heilung der Ureinwohner) zu gründen. Diese gemeinnützige Organisation wird Networking auf den Weg bringen sowie Workshops und gemeinsame kulturelle Events durchführen – für Ureinwohner aus verschiedenen Teilen der Welt, die sich in Hawaii treffen, um Vision und Heilung anzustreben.
- In Kanada ist eine gemeinnützige Stiftung gegründet worden, um Mittel zu sammeln und für die Ausbildung von Menschen aus „First Nations" in der Psychologie der Vision zur Verfügung zu stellen sowie weitere Aspekte dieser Arbeit zu betreuen.

- *AHHA: First Nations Aboriginal Holistic Healing Association* ist eine Organisation, die von Studenten der Psychologie der Vision gegründet wurde, die selber aus Stämmen der Ureinwohner kommen, um Heilung gerade dieser Ureinwohner zu fördern. AHHA widmet sich besonders der Aufgabe, Teams von Trainern in Dörfer und Stämme zu bringen, um Menschen mit teils sehr dramatischen Problemen zu helfen.

Ein neues Projekt:
„Friends helping Friends" – Freunde helfen Freunden

Die Welt ist derzeit in einer toten Zone gefangen und steckt darin fest, deren Hauptmerkmale Dissoziation, Überarbeitung, Burnout und Kompensation sind. Wir leben in einer Gesellschaft, die auf Konkurrenzdenken und Wettbewerb aufbaut und wirklich Angst davor hat, erfolgreich zu sein, so dass sie Gewinnen bzw. Siegen mit Erfolg verwechselt.

Die Welt leidet an einem Mangel von Inspiration und braucht gerade dies so dringend. Eine Inspiration, welche anregen und als Katalysator dafür wirken wird, dass die Welt zu einer neuen, erfolgreicheren und intimeren Lebens- und Arbeitsweise findet. In dieser neuen Lebensführung spielt eine neue Ethik der zwischenmenschlichen Partnerschaft eine große Rolle, die mehr als nur bloßes Lippenbekenntnis sein wird.

Das wird durch Ideen erreicht werden, die Inspiration über eine neue Lebensweise vermitteln. „Friends helping Friends" ist eine solche Idee. Damit wird eine Haltung bezeichnet, die wir gegenüber jedem Menschen in der Welt einnehmen können. Wir behandeln einfach jeden, als ob er oder sie ein lieber Freund wäre. Das wird eine innovative, kooperative Form des Lebens und Gebens anstoßen, die für die ganze Welt eine neue Ebene des Erfolgs hervorbringt. Wir machen dabei keine Unterschiede – ob es nun jemand ist, der gegenüber auf der Erdkugel oder gegenüber auf der anderen Straßenseite lebt: Wir behandeln jeden gleich. Diese Form von Zusammenhalt und Nähe baut ein Gespür für Gemeinsamkeiten und Bereitschaft zum Teamwork auf, das Unterschiede und Konflikte überbrückt und Menschen miteinander verbindet. Auf diese Weise helfen wir uns gegenseitig, eine bessere Welt aufzubauen.

12. Die Menschen hinter der Psychologie der Vision

*Wie hat sich
die Psychologie der Vision entwickelt?*

Chuck berichtet:
Die Psychologie der Vision wurde begründet, als ich an meiner Dissertation schrieb und gleichzeitig als Psychologe am *Naval Drug Rehabilitation Center* (Reha-Zentrum der US-Marine für Soldaten mit Drogenproblemen) in San Diego, Kalifornien, arbeitete.

Meine Dissertation war ein Versuch, ein neues Modell für Psychologie und Psychotherapie zu finden, ein Modell, das sich nicht auf Reparaturen und Problemlösungen beschränkte. Ich stellte als Hypothese auf, dass ein Auto nicht nur repariert werden sollte, wenn es nicht mehr lief, sondern dass es genauso wichtig wäre, wohin man dann mit dem Auto fahren würde.

Das stand am Anfang der Entdeckung, welche Bedeutung Vision und Seelenaufgabe für unser Leben hat. Vision und Aufgabenstellung bestimmen unseren Lebenssinn, unsere Kreativität und Erfüllung. Wenn wir unsere Vision leben und unsere Aufgabe verwirklichen, dann sind das unsere Geschenke der Liebe an die Welt.

Das Reha-Zentrum konnte die besten Rehabilitationserfolge in der ganzen Welt vorweisen. Der Etat für das US-Verteidigungsministerium insgesamt und innerhalb der US-Marine der Etat für Personalbetreuung wurden jedoch herabgesetzt, und damit wurden die erlaubten Therapietage im Verlauf der Jahre immer weniger. Von einem 120-Tage-Programm wurde auf ein 90-Tage-Programm gekürzt und dann noch weiter auf ein 75-Tage-Programm. Zum ersten Mal fielen die Erfolgsquoten. Das Programm wurde weiter verkürzt, auf 60 Tage, und schließlich sogar auf drei Wochen Therapie und eine Woche Instruktionen über das Militärleben (in das die Soldaten ja wieder eingegliedert werden sollten).

Wir verloren alle unsere erfahrenen Militärtherapeuten (weil Militärpersonal turnusmäßig alle zwei Jahre den Einsatzort wechselte), und wir mussten eine neue Gruppe von Militärtherapeuten ausbilden. Damals befanden wir uns in der Situation, entweder ganz aufgeben zu müssen oder besser zu werden. Die zivilen Therapeuten trafen sich und entschlossen sich, innovative andere und zeitsparende Therapiemethoden zu finden bzw. zu entwickeln, um diesen jungen Männern zu helfen.

Bis dahin hatte ich Kurse über Gestalt-Therapie und Hypnotherapie besucht und Grundlagenbücher über NLP (Neurolinguale Programmierung) und andere Therapieansätze gelesen. Vor diesem Hintergrund entdeckte ich die „Intuitive Methode" als eine Technik, um auf eine rasche, quasi alltägliche Art und Weise Zugang zum Unterbewusstsein und zum Unbewussten zu erlangen. Als ich begann, diese Methode zu praktizieren, wurde ich von den Resultaten völlig überrascht: Sie waren regelrecht umstürzend.

Das Unterbewusstsein stellte das Alltagsbewusstsein auf den Kopf. Im Reich des Unterbewusstseins gab es keine Zufälle und keine Unglücke, die aus heiterem Himmel kamen. Alles wurde von einem Teil des Geistes geplant. Ich fing an, Methoden herauszufinden, wie den jungen Männern zu helfen war, damit sie ihre Kindheits-Traumata und fehlgeleitete Betrachtung der Welt überwinden und zum ersten Mal sehen konnten, wie das alles zu ihrer gegenwärtigen Drogensucht geführt hatte. Ich begann, Techniken zu entwickeln, um Kindheitsmuster zu verwandeln und auf neue Ebenen des Verstehens zu gelangen, die auf einfache Weise Vergebung und Wiederherstellung von Bindung und Beziehung („bonding") möglich machten.

In dieser Zeit unterrichtete ich die „Y-Klassen", die von der *California Youth Authority* (Kalifornische Landesjugendbehörde) kamen. Dabei entstanden die Anfangsgründe dessen, was später zur geistigen Landkarte der Psychologie der Vision der Einheit und des Eins-Seins werden sollte. Damals lernte ich zu begreifen, dass es Stadien des Bewusstseins gab, und ich erforschte die Grundelemente dieser Stadien weiter. Ich fragte mich nach einiger Zeit, ob es irgendwelche weiteren Schritte bzw. Stadien des Bewusstseins über die ersten vier hinaus gäbe, die üblicherweise beschrieben wurden, und ich entdeckte, dass es tatsächlich sehr viel mehr gab.

Bei zwei meiner Mentoren, die Psychiater waren, lernte ich mehr über den psychologischen Prozess. Sie betonten die Tatsache, dass der Schlüsselaspekt bei einer Therapie nicht der „Inhalt" des Problems ist, das ein Klient präsentiert, sondern die Art, wie es dargestellt wird und wie sich der Klient zum Therapeuten in Beziehung setzt – was zusammen eben den psychologischen Prozess ausmacht.

Eines Tages beobachtete ich einen jungen Marinesoldaten, wie er alles in seiner Macht Stehende unternahm, um die Aufmerksamkeit des Sergeanten in unserer Therapiegruppe zu erhalten, aber der höherrangige Soldat ignorierte die Bedürftigkeit des Gefreiten. Ich blickte von dieser Szene nach draußen, wo die Zweige eines Baumes bis zum Fenster reichten. Dort sah ich ein Nest mit Jungvögeln und eine Vogelmutter mit einem Wurm in ihrem Schnabel. Jedes Mal, wenn ein gieriges Jungvögelchen nach dem Wurm stieß, schnellte die Mutter ihren Kopf zur Seite, bevor der kleine Vogel den Wurm erhaschen konnte. Ich betrachtete diese Szene und die im Zimmer und erkannte, dass sich an beiden Orten dasselbe abspielte.

Diese Erkenntnis hinterließ bei mir einen tiefen Eindruck. Die Gruppe machte gerade Mittagspause, und ich fuhr währenddessen zum Meer. Ich spürte, dass ich kurz vor einer sehr wichtigen Entdeckung stand. Als ich die kleine Bucht von La Jolla erreichte, war es dort sehr neblig, wie so oft in dieser Jahreszeit. Ich stieg aus meinem Auto und ging an einen Platz, von dem aus man die Bucht gut überblicken konnte, als alles in meinem Geiste Gestalt annahm.

Ich erfasste, dass alles, was sich auf allen Ebenen ereignete, eng miteinander zusammenhing. Genau in dem Augenblick, als ich dies erkannte, brach die Sonne durch, und die Wolken und der Nebel lösten sich umgehend auf. Ein weiteres bedeutsames Beispiel für zusammenhängende Prozessabläufe!

Von 1975 bis 1980 forschte ich über das Unbewusste – über den medialen, magischen und schamanischen Geist. 1977, nach meiner Promotion, machte mich ein Kollege auf *Ein Kurs in Wundern* aufmerksam. Ich besorgte mir dieses Buch und stellte beim Lesen fest, dass zahlreiche der Prinzipien und dynamischen Energieprozesse, die ich zuvor entdeckt hatte (die jedoch in keinem Psychologiebuch erwähnt wurden), in diesem Buch enthalten waren. Ich fand jedoch noch sehr viel mehr an Information, sowohl psychologische wie spirituelle.

Da ich bis dahin viel Fachliteratur der Psychologie, Philosophie, Theologie und Spiritualität studiert hatte, wusste ich sofort, was für eine Goldmine ich in diesem besonderen Buch gefunden hatte. Als ich den *Kurs in Wundern* eingehender durcharbeitete, konnte ich daraus tiefer liegende Prozessabläufe und Energiemuster des Geistes erlernen. Da ich durch meine Arbeit im Austausch mit sehr vielen Menschen rund um die Erde stehe und so laufend Einblicke in Bewusstseinsvorgänge gewinne, konnte ich mir selber bestätigen, dass dieses Buch in seinen geistigen Aussagen wahrhaftig und zutreffend ist, weit über alle kulturellen Unterschiede hinaus, die übrigens nur einen sehr geringen Teil des Bewusstseins ausmachen.

Ein Kurs in Wundern inspirierte die Entwicklung etlicher Techniken in der Psychologie der Vision. In den frühen 80er Jahren begann ich, das Bewusstsein über die schamanische Ebene des Geistes hinaus zu erforschen, indem ich tiefer in das Unbewusste und in Bereiche des höheren Bewusstseins eindrang. In den 90er Jahren erforschte ich das kollektive Unbewusste und andere spirituelle Bereiche des höheren Bewusstseins.

1984 heirateten Lency und ich, und in unserer Zusammenarbeit begann sie, einen ganz neuen Weg in der therapeutischen Arbeit zu entwickeln, der sich mit dem, was ich erarbeitet hatte, treffend verflechten ließ. Sie betonte dabei mehr die femininen Aspekte von Heilung. Das waren so grundlegende Dinge wie „deine Gefühle spüren, damit du dein Herz zurückgewinnst". Auch die tiefgründig einfache Technik des „sich mit anderen in Liebe und Nähe verbinden („joining")" gehörte dazu. Damit konnten Probleme wegfallen und der Himmel sich wieder zeigen. Diese Methoden beschleunigten die Prozesse in den Seminaren, so dass die Teilnehmer und Teilnehmerinnen am Ende zu einer Gemeinschaft von Freunden wurden. Dadurch konnte auf eine andere Weise die Bindung („bonding") wiederhergestellt werden, die wir während unseres Aufwachsens verloren hatten.

Anstatt Heilung anzustreben als Hilfsmittel, um Liebe zu erfahren, wurde (und wird) bei diesen Methoden Liebe und zwischenmenschliche Verbindung („joining") als Weg angewandt, um zu Heilung, zu größerer Freiheit und Liebe zu gelangen. Die Menschen erfuhren (und erfahren) die Liebe Gottes als Wirklichkeit, nicht nur als eine Vorstellung.

Lency berichtet:
Wie Chuck glaube ich, dass die „Sprünge", die ich machte, um eine neue Form der Therapie und der Heilung zu entwickeln, einem tiefen Wunsch entsprangen, einen besseren Weg zu finden, um Menschen helfen zu können, sich von Leid und Schmerzen zu befreien – selbst wenn ich dazu „mogeln" und alle Regeln, die bis dahin galten, brechen musste.

Das erste Wunder, das ich erlebte, kam, als ich mit 21 Jahren Praktikantin in der psychologischen Beratung in Arizona war und einem jungen tauben Mann mitteilen musste, dass er erblinden würde. Die Situation setzte ein solches Mitgefühl in mir frei, dass ich mich entschloss zu versuchen, das Unmögliche möglich zu machen. Das war damals ein Akt der Auflehnung gegen die Grenzen, welche diese Welt zu ziehen schien. Irgendwie erfuhr der junge Mann, als ich ihm die Nachricht über die drohende Erblindung überbrachte, eine grundlegende Heilung seiner emotionalen Probleme und war auf spektakuläre Weise davon begeistert, welche Art des Lebens er als Tauber und Blinder würde führen können. Die schwierigste Frage, mit der ich mich konfrontiert sah, bestand darin zu überlegen, ob ich denn überhaupt das Recht hätte, so viel Einfluss auf das Leben von Menschen zu nehmen. War das rechtens?

Mit 27 machte ich eine profunde Erfahrung, die sehr ähnlich jener war, die Chuck beschrieben hat, die meine gesamte Weltsicht veränderte und einen umfassenden Paradigmenwechsel für mich mit sich brachte. Mein Bewusstsein ordnete sich in einer neuen Weise bzw. „Gestalt", und ich erkannte, dass alles, was ich sehen konnte, mich selbst in der Welt spiegelte. Alles, was ich wahrnahm, hatte persönliche Bedeutung – alles war ich.

Deshalb hatte ich das Recht, alles zu heilen, was ich sehen konnte, alles in meiner Welt, denn ich durfte mich selbst heilen. Ich verlor meine Angst vor dem Leiden anderer Menschen und wusste, dass es in einem höheren Sinne mein eigenes Leiden war, und ich spürte keine Notwendigkeit, mich davon zu distanzieren. Von diesem Blickpunkt aus konnte ich – da es ja mein Leiden war – Zugang dazu gewinnen und es heilen, gleich, in welcher Form es sich ausdrückte, und gleich, welche Facette meiner selbst es mir zeigte. Als ich diese Haltung einnahm und andere als mich selbst betrachtete, fiel die Getrenntheit fort und Gottes Liebe erschien.

Durch die vielen Jahre hindurch, die seither vergangen sind, wurde ich fähig, Zugang zu immer höheren Ebenen von Gnade als therapeutischem Instrument zu gewinnen, da diese Liebe mich selber während zahlloser Stunden von Gruppenseminaren und individuellen Sitzungen heilte. Was jedoch viel wichtiger ist: Diese Fertigkeit auszuüben kann leicht gelehrt und ausgetauscht werden. In der ganzen Welt haben inzwischen Tausende von Menschen die Fähigkeit entwickelt, sich selbst und andere durch göttliche Liebe zu heilen und mit Gott zu lachen.

Alphabetisches Verzeichnis

*wichtiger englischer Begriffe, die in
der Psychologie der Vision häufig vorkommen*

Dieses Glossar und die Kurzfassungen im Anschluss sollen einerseits durch die Beschäftigung mit zentralen Begriffen das Verständnis der Psychologie der Vision vertiefen. Andererseits sind sie als Hilfestellungen gedacht für deutschsprachige Teilnehmer und Teilnehmerinnen an Vorträgen, Seminaren, Workshops und Ausbildungen mit Chuck und Lency, die nicht nur der angebotenen Konsekutivübersetzung folgen, sondern gern unmittelbarer das Englische verfolgen möchten.

Accountability
*Eigenverantwortlichkeit,
auch Rechenschaftsfähigkeit bzw. -bereitschaft*

Dieses Prinzip geht davon aus, dass wir für alles verantwortlich sind, was uns passiert. Wenn wir das anerkennen, bedeutet das auch, dass wir uns auf einer bestimmten Ebene für alles entschieden haben, was jemals geschehen ist (aus welchem Grund auch immer). Das wiederum ermächtigt uns, die Vergangenheit durch Verstehen zu transformieren: Wir können sie verstehen und loslassen, anstatt in der Vergangenheit in einer Opferhaltung gefangen zu sein, welche psychologisch gesehen der schwächste Zustand ist. Eigenverantwortung hilft uns, die schmerzliche Illusion von Schuld zu überwinden, und befähigt uns zu erkennen, wo wir Fehler gemacht haben und wie wir sie korrigieren. Eigenverantwortlichkeit soll uns frei machen und uns unsere Kraft zurückgeben.

Ancestral Pattern
Ahnenmuster, ererbte Muster, „Familien-Karma"
Das ist ein negatives Muster, das durch Generationen der Ursprungsfamilie zu uns gelangt ist, das mit einem Trauma oder einer negativen Erfahrung begann. Das Muster wird von den Eltern zum Kind weitergereicht und nimmt dabei manchmal in jeder Generation unterschiedliche Symptome an.

Appreciation
Anerkennung, Wertschätzung, Achtung
Das ist eine heilende Gabe, die Energiefluss erzeugt. Sie erlaubt uns, die Qualitäten der Menschen in unserer Umwelt zu erkennen und sich daran zu erfreuen. Unsere Achtung anderer Menschen ist auch ein Geschenk, das wir uns selber machen, weil sie auf ganz natürliche Weise dazu führt, dass wir das schätzen, was wir haben.

Authority Conflict
Autoritätskonflikt
Den Autoritätskonflikt kann man getrost als eine der Wurzeln allen Übels bezeichnen. Es gibt kein Problem, in dem der Autoritätskonflikt nicht einen der wesentlichen dynamischen Prozesse darstellt. Der Autoritätskonflikt ist im Grunde der Wunsch, unser eigener Boss zu sein, den eigenen Weg zu gehen und auf keinen zu hören, der anders denkt als wir – gleichgültig, ob sie Recht oder Unrecht haben. Der Autoritätskonflikt ist eine der großen Fallen des menschlichen Geistes, der sich sogar in den tiefsten Tiefen des Unbewussten zeigt.

Beliefs
Glaubenssätze; Überzeugungen, die sich verselbständigt haben
Entscheidungen, die wir wiederholt oder in dramatischen Situa-

tionen getroffen haben, werden zu Glaubenssätzen bzw. Überzeugungen. Glaubenssätze sind Entscheidungen, die in der Zeit eingefroren sind; es sind statische Gedanken, die auf unsere Emotionen, unsere Lebenseinstellung und unser Verhalten affektiv (erregend) einwirken. Sie erzeugen unsere Wahrnehmungen und bringen so unsere Erfahrungen hervor. Überzeugungen dieser Art sind Werte, in die wir „investiert" haben und die – gleich, ob sie positiv oder negativ sind – zu sich selbst erfüllenden Prophezeiungen werden.

Blame
Schuldzuweisung, anderen Vorwürfe machen
Schuldzuweisung ist ein Abwehrmechanismus des Egos, den wir benutzen, um unsere eigenen Schuldgefühle zu verstecken und zu kompensieren. Schuldzuweisung stoppt die Kommunikation und leitet die kämpferische Auseinandersetzung ein. Wenn wir anderen Vorwürfe machen, verlagern wir einfach die auf uns selbst gerichtete Schuldzuweisung auf andere. Obwohl wir das als Versuch unternehmen, unsere Schuld zu verringern, bewirkt das nichts anderes, als dass wir uns noch schlechter fühlen. Schuldzuweisung ist das Gegenteil von Verantwortlichkeit.

Bonding
Sich verbinden, Verbundenheit,
Verbindung, Bindung (im positiven Sinn)
Bonding wird am besten beschrieben als die psychologischen Bande und die sich miteinander verknüpfende Verbundenheit, die Liebe und Erfolg voller Leichtigkeit mit sich bringen. Je mehr Verbundenheit dieser Art in einer Situation besteht, desto höhere Kreativität und desto mehr Lebensfreude wird es geben. Verbindung heilt alle Probleme, weil sie die Illusion der Getrenntheit zerstreut, die Leid, Einsamkeit und Mangelbewusstsein erzeugt. Verbindung

heilt jene Bedürftigkeit, Angst, Verlustgefühle, Willenlosigkeit und Trennung, die an der Wurzel jedes Problems stecken.

Centering
Zentrierung, ganz im Hier und Jetzt sein

Das ist eine Technik in der Psychologie der Vision, die zur Wiederherstellung von Verbundenheit führt und Menschen und Situationen zum vertieften Erleben von Frieden, Unschuld, Liebe und Gnade bringt.

Choice
Entscheidung; manchmal auch:
eine Wahl bzw. Auswahl treffen

Entscheidung, bewusste Auswahl, ist eine Gabe der Heilung. Sie ist die Investition des Geistes und seine Kraft, Schritte in eine bestimmte Richtung zu unternehmen. Negative Entscheidungen sind Fehler, die wir machen, weil wir auf ungeeignete Weise versuchen, Glück zu erlangen. Die Entscheidungsfähigkeit ist die Urkraft des menschlichen Geistes. Mit ihrer Hilfe können alle anderen verloren gegangenen Gaben und Fähigkeiten wiedergefunden werden. Wie wir uns entscheiden, so denken wir. Wie wir denken, so fühlen wir; und was wir fühlen, bestimmt, wie wir handeln und was uns passiert. Wir treffen Entscheidungen, entweder unsere Lebensaufgabe zu verwirklichen oder uns von ihr fortzubewegen – auf das Licht zuzugehen oder auf die Dunkelheit, zum Leben oder zum Tod.

Commitment
Bindungsbereitschaft; Selbst-Verpflichtung, Hingabe, Entscheidung, sich für etwas engagieren und sich wirklich einlassen; jemandem oder etwas verbindlich verpflichtet sein

Wenn Entscheidung ein Berg ist, dann ist Bindungsbereitschaft eine Bergkette. Es ist die Entscheidung, uns ganz zu geben, damit eine Situation erfolgreich wird. Jede Entscheidung, sich ganz einzulassen, kann viel Zeit sparen und uns helfen, in unserem Leben einen großen Sprung nach vorn zu machen. Selbsthingabe an jemanden bzw. etwas bringt eine neue Ebene von Erfolg und Nähe mit sich. Das Maß unserer Selbstverpflichtung entspricht dem Maß unserer Leichtigkeit und Gefühle der Freiheit. So verstandene Verbindlichkeit beseitigt Hindernisse und Schwierigkeiten, schafft neue Entwicklungsmöglichkeiten und macht den Weg frei und leicht begehbar.

Competition
Konkurrenzdenken, Wettbewerbsverhalten

Wenn Bonding verloren wird, beginnt Konkurrenzdenken und -verhalten als Versuch, die sich aus dem Verlust ergebenden Unsicherheiten zu kompensieren. Eine Wettbewerbshaltung beruht auf Mangelbewusstsein, Vergleichen, Verzögerung des nächsten Schritts und Angst davor. Sie baut das Ego auf, das Prinzip der Getrenntheit. Konkurrenz ist ein Versuch, andere auf eine Weise zu beherrschen oder zu besiegen, die unsere Ich-Sicht stärkt, jemand Besonderes zu sein. Konkurrenz ist ein zum Scheitern verurteilter Versuch, Bedürfnisse zu befriedigen, die in Wahrheit nur durch Liebe und Bonding erfüllt werden können.

Complaint
Klagen, Vorwürfe machen, Beschwerde

Beschwerden stellen eine verbale Unpässlichkeit und Übellaunigkeit dar, die wir einsetzen in der Hoffnung, dass andere oder die Umwelt sich unserem Willen entsprechend verändern. Sich zu beklagen verbirgt unsere Angst vor einer Veränderung, welche die Situation zum Besseren wenden würde. Darin steckt eine Form von Kontrolle, die wir benutzen, um altes Leid zu verbergen. Auf der tiefsten Ebene sind alle Beschwerden Selbstanklagen bzw. Urteile, die wir in Bezug auf uns selber haben. Wenn wir jemandem Vorwürfe machen, versuchen wir unsere eigene Verantwortlichkeit zu leugnen für das, was geschieht, um es so aussehen zu lassen, als ob an allem ein anderer Schuld hat.

Conspiracies
Verschwörungen,
innerpsychische, unbewusste „geheime Abmachungen"

Verschwörungen sind psychologische Fallen in unserem Bewusstsein, die so gut aufgestellt sind, dass es aussieht, als ob es keinerlei Ausweg gäbe. Diese chronischen Probleme blockieren uns dabei, unsere Seelengaben zu nutzen, und sind letztlich so entworfen worden, dass sie als eine Verschwörung gegen unsere Seelenaufgabe dienen sollen. Verschwörungen sehen zwar so idiotensicher aufgebaut aus, dass kein Ausweg möglich zu sein scheint, aber vor Gott sind sie nicht sicher – also können sie geheilt werden.

Dead Zone
Tote Zone, leblose Zeitphase

Das ist das letzte Stadium der Unabhängigkeit, in dem wir uns den Verteidigungs- und Abwehrmechanismen stellen müssen, die unser Ego erzeugt hat, um uns von einer (echten) Partnerschaft abzuhalten, die einen beschleunigten Weg darstellen würde, um das Ego aufzulösen. Wenn wir in der „toten Zone" (nicht Todeszone!; Anm.d.Ü.) sind, arbeiten wir hart, bleiben aber am selben Platz, weil wir zwar geben, aber nicht empfangen. Wir fühlen, dass wir feststecken, fühlen uns aber auch angetrieben (oder manchmal auch faul); erschöpft und depressiv. Wir meinen vielleicht, wir seien Schauspieler oder Schwindler, oder dass wir gar kein richtiges Leben führen. Das spiegelt, wie wir uns in unserem Leben zurückgezogen haben und wie wir Rollen spielen, Regeln folgen und aus Pflichtgefühl handeln, aber nicht auf authentische, gebende Weise.

In der toten Zone sind wir mit einer Ödipus-Verschwörung beschäftigt, mit Konkurrenz und Angst vor dem nächsten Schritt – was durch Bindungsbereitschaft, Partnerschaft, wahre Freundschaft, Führungsqualitäten, Begabung, Vision und die Bereitschaft überwunden werden kann, sich den Ängsten des Unbewussten zu stellen.

Die Zeitphase der toten Zone bringt Gefühle der Leblosigkeit hervor, die wir auf der emotionalen, sexuellen und spirituellen Ebene erfahren. Sie repräsentiert eine Entscheidung, der Form den Vorrang vor dem Geist zu geben, eine Entscheidung für den Buchstaben des Gesetzes anstatt für echte Integrität oder Authentizität. Es handelt sich um eine Zeit, in der wir die Gelegenheit haben, viele der Kompensationen und Fusionen zu heilen, die in unserer Ursprungsfamilie begannen. In der vorhergehenden Generation haben die meisten Menschen und Beziehungen die Phase der toten Zone nicht überlebt. Es handelt sich dabei um gerade das letzte Stadium in einer Beziehung, bevor man Partnerschaft erreicht.

Death Temptation
Todessehnsucht, Todesversuchung

Todessehnsucht ist die Lösung des Egos für ein akutes Problem oder einen Konflikt. Sie scheint vorzuschlagen, dass wir uns entscheiden, indem wir nicht entscheiden. Es ist eine Art der Aufgabe, die Einschlafen statt Aufwachen bewirkt. Eine Todessehnsucht ergibt sich, weil wir den Tod für einen Ausweg halten – und doch löst der Tod überhaupt nichts.

Defence Mechanism
Verteidigungsstrategie, Abwehrmechanismus

Abwehrmechanismen sind Strategien, die ursprünglich vom Geist entwickelt worden sind, um uns zu helfen und zu begünstigen, die aber vom Ego usurpiert wurden. Obwohl sie ursprünglich geschaffen worden sind, um uns vor Leid zu schützen, halten sie uns jetzt darin fest, anstatt es aufzulösen, und sie laden zum Angriff ein. Eine Verteidigungsstrategie ist eine Reaktion, die nicht nur eine Lösung für unser Problem anbietet, sondern selbst ein neues, zusätzliches Problem schafft, das dann wieder gelöst werden muss.

Dependence
Abhängigkeit (Teil des Dreiecksmodells)

Abhängigkeit ist das Erleben einer derart großen Bedürftigkeit, dass wir es für notwendig halten, dass uns ein anderer emotional hilft oder trägt. Abhängigkeit ist eine der drei Hauptrollen, die sich als Folge verlorener Verbundenheit („bonding") ergeben. Sie ist eine Strategie des Egos, das Problem der verlorenen Verbindung zu lösen – wir geben unsere eigene Kraft auf und versuchen, die Kraft eines anderen Menschen zu benutzen. Der Plan des Egos besteht darin, unsere Bedürfnisse zu befriedigen, indem wir von anderen nehmen bzw. uns etwas aneignen.

Dissociation
Dissoziation (Fachbegriff in der Psychologie: Abspaltung, auch Abtrennung oder Loslösung)

Dissoziation ist ein Abwehrmechanismus des Egos, der uns vor den Gefühlen von Bedürftigkeit, Leid, Schuld oder Aufopferung bewahren soll. Dissoziation führt zu einer Spaltung im Bewusstsein, so dass es aussieht, als ob wir die Beherrschung bewahren und alles unter Kontrolle haben, aber gleichzeitig innen immer noch alles Leid, Hunger und Einsamkeit spüren. Sie erzeugt eine Unfähigkeit, zu fühlen oder zu empfangen.

Ego

Das Ego ist das Prinzip von Trennung; es baut sich auf Angst, Leid, Schuld, Besonderheit und Konkurrenz auf. Es wird von Unterwerfung und Kontrolle erzeugt oder von Schwäche und Opferhaltung (die nur eine versteckte Form von Kontrolle ist). Das Ego ist der Teil von uns, der am Ruder sein will – letzten Endes auch am Ruder der ganzen Welt. Das Ego hungert nach Aufmerksamkeit und Anerkennung und möchte alles „nach der eigenen Nase" machen.

Wir alle brauchen ein Ego, um in der Welt zu funktionieren, und deshalb ist es ein Teil unseres Wachstumsprozesses, ein starkes Ego zu entwickeln. Um dann in Bezug auf Partnerschaft und Spiritualität fortzuschreiten, müssen wir die Aggression und Eigenangriffe heilen, die Getrenntheit, die Ungleichheit und das Bedürfnis, mehr zu haben als andere, welche das Ego alle anstrebt.

Um seine Existenz zu bewahren, macht das Ego einen Pakt mit uns. Es schließt einen Vertrag ab, der ihm erlaubt, sich für uns mit der Welt auseinanderzusetzen und die Probleme für uns anzupacken – und benutzt Verzögerung, Ablenkung und alle Arten von Fallen, um sich selbst dabei stark zu halten. Wenn es einmal die Kontrolle hat, kümmert sich das Ego mehr um seine eigene Existenz als um die Erfüllung unserer echten Bedürfnisse. Die Lösungen, die das Ego anbietet, sind Lösungen, die zu weiteren Problemen führen. Es kämpft mit Gott und unserem höheren Bewusstsein, obwohl es in seinem Überleben vom Geist abhängt.

Das Ego versucht uns zu überzeugen, dass wir unser Körper sind. Es attackiert uns auf hinterhältige Weise, wenn wir versuchen, den Körper zu transzendieren. Schließlich kann es sogar versuchen uns zu töten, weil es denkt, dass wir nicht genug für es sind. Unser Ego ist der letzte Rebell, und es versucht, sich selbst als höchste Autorität und Urheber unserer selbst darzustellen und dazu zu machen.

Embracing
Aufnehmen, Erfassen, Verwirklichen;
auch Wertschätzen oder Leben

Embracing (wörtlich: umarmen) ist eine weibliche Gabe, die uns zu halten, zu erfahren und zu schätzen gestattet. Es ist ein Akt der Annahme und Aufnahme, der Akzeptanz, der innigen Verbindung und Verbundenheit (Joining) und der Integration, der uns erlaubt, positive Eigenschaften vollständig zu empfangen und negative Eigenschaften zu heilen. Es ist ein Akt emotionalen Gebens und Empfangens, der die Tür für noch größeres Empfangen öffnet. Indem wir uns selbst ganz geben, werden wir fähig, in großem Maße zu empfangen.

Emotional Evolution
Emotionale Evolution

Hier handelt es sich um die Schritte, die wir in Richtung Reife, Ganzheitlichkeit und Liebe unternehmen. Je größer unsere emotionale Reife, desto erfolgreicher sind wir im Leben und in Beziehungen. Jeder Schritt bei der emotionalen Evolution ist ein Schritt vorwärts zu Integrität, Integration, Fähigkeit zu geben und zu empfangen, Freude, Kraftfülle und Glück. Der Weg der emotionalen Evolution ist ein Weg zu immer größerer Wahrheit.

Eye contact
Direkter Augenkontakt

Augenkontakt ist eine Technik, die in der Methode des Joining (siehe dort) in der Psychologie der Vision verwendet wird. Während man (über längere Zeit hindurch; Anm.d.Ü.) in die Augen des anderen Menschen blickt und sich auf Einheit einlässt, erfährt man auf empathische (anteilnehmende) Weise, was der andere erfährt. Falls es Liebe ist, wird sie umso freudiger; falls es Leid ist, löst sie sich durch die Verbindung im Joining rasch auf. Joining hebt Themen durch die Chakras aufsteigend nach oben, bis wir einen Zustand von Seligkeit und Lachen erfahren.

Fear
Furcht, Angst

Furcht ist ein Zustand der Kontraktion (des Zusammenziehens), der durch Trennung und Bewertung entsteht. Da Angst das Ego erst geschaffen hat und eines seiner Hauptelemente darstellt, produziert das Ego auch Angst. Angst rührt aus dem Versuch, sich mit der Zukunft auseinanderzusetzen, anstatt im gegenwärtigen Augenblick zu sein. Die Erwartungen des Egos hinsichtlich der Zukunft bauen auf einer dunklen Vergangenheit auf. Als eine der großen Illusionen schafft Angst Not und Leid und besitzt dieselbe allgemeine Energiedynamik wie Verlust, Verlassenwerden, Bedürftigkeit und Ablehnung.

Forgiveness
Vergebung

Vergebung ist das grundlegendste Heilungsprinzip. Sie heilt Angst, bewirkt Transformation und führt zu Glücklichsein. Vergebung erzeugt immer ein „Vorwärts-Geben", das es uns erlaubt, über Sichzurückziehen, Schuld, Bewertungen und Angst hinauszugehen. Vergebung bringt uns im Leben vorwärts und aus den Problemen heraus, die von Ärger bestimmt werden, hin zum nächsten Schritt von Erfolg.

Fusion
Fusion, scheinbare Verschmelzung in gegenseitiger Abhängigkeit ohne echte Nähe
(evtl. auch negative Form von Symbiose)
Fusion ist ein Zustand verlorener Abgrenzung, von Kodependenz (gegenseitiger Abhängigkeit) und dem Gefühl von Unfähigkeit, die durch die Generationen weitergereicht oder durch eine Familiendynamik erzeugt wird, in der wir unsere Mitte verlieren. Fusion bringt Aufopferung hervor und versucht, Versagensgefühle zu kompensieren. Fusion ist eine Art Falschgeld-Intimität und unechte Nähe, die dem Ziel des Egos dient, uns daran zu hindern, weiter nach vorn zu schreiten. Sie gebiert Ressentiments, Leblosigkeit und eine Unfähigkeit zu empfangen.

Giftedness
Begabung, Fähigkeit, die eigenen Gaben zu verwirklichen
Ein Teil unseres Lebenszwecks besteht darin, dass wir unsere Begabungen aus dem Stadium des Potenzials zum Stadium der Verwirklichung entwickeln, um unser Leben und das der Umwelt zu verbessern. Begabung schafft Energiefluss. Eine Lösung für jede Art von Problem ist, die Gabe zu entdecken, die das Problem versteckt hat, und diese Gabe anzunehmen und zu verwirklichen. Jeder Mensch besitzt Tausende von Talenten, Fähigkeiten und Begabungen, die nur darauf warten, erkannt, angenommen, entwickelt, verwirklicht und verfeinert zu werden, indem man sie mit anderen teilt.

Giving
Geben
Geben ist ein wesentlicher Aspekt von Liebe. Geben macht es uns möglich, uns der Umwelt zuzuwenden und mit ihr das zu teilen, von dem wir wissen, dass wir es teilen sollen. Geben

erzeugt Energiefluss und ist eines der grundlegenden Heilprinzipien. Immer wenn es ein Problem gibt, gibt es etwas, was wir nicht geben.

Grace
Gnade

Gnade ist das Geschenk Gottes an uns. Sie ist voller Energie, heilend und gefühlvoll, und fließt uns immer zu, auf welche Weise wir sie auch brauchen mögen. Sie ist Gottes eigene Kraft, Liebe und Licht; sie existiert, um uns unsere Kraft zurückzugeben und uns zu erleuchten, damit unser Weg leicht gemacht wird und voller Freude ist. Gnade hilft uns dabei, uns als Kinder Gottes zu erfahren.

Guilt
Schuld, Schuldgefühle

Schuld ist die Folge von fehlgeleiteter Selbstbewertung, die das Ego benutzt, um sich aufzubauen und zu stärken. Der Zweck von Schuld besteht darin, uns zu lähmen und einem Fehler quasi ein ehernes Denkmal zu errichten. Wir benutzen Schuld, um uns zurückzuhalten und uns vor der Angst vor dem nächsten Schritt nach vorn zu schützen. Während man Fehler korrigieren kann, behauptet Schuld, dass es falsch ist, wer wir sind, und dass Bestrafung gerechtfertigt sei. Wo Schuld existiert, gibt es immer Selbstbestrafung und Rückzug. Schuld erzeugt Getrenntheit und ist der Schlüsselprozess für Bewertungen, Groll und Aggressionen. Letztlich ist Schuld ein Racheakt gegen andere und gegen Gott.

Happiness
Glück, Glücksgefühl

Glück und glücklich zu sein ist ein Nebenprodukt von Liebe und Kreativität. Immer, wenn wir uns selbst ganz geben, öffnet das eine Tür zu Glücksgefühlen. Andererseits kommt Glück ständig zu uns – wir nehmen es nur nicht wahr, wenn unser Ego dazwischenfunkt. Glück ist der wahre Zustand unseres Seins, es ist das tiefste Wesen unserer selbst als Spirit. Gott, als Inbegriff von Glück, hat uns glücklich erschaffen, aber unser Ego hat andere Pläne für uns.

Heartbreak
Herzensbruch, gebrochenes Herz

Ein gebrochenes Herz ist ein zerschmetterter Traum, eine Riesenenttäuschung. Sie stammt aus Nicht-Annahme und sogar aus Ablehnung dessen, was ein anderer tut oder sagt. Wenn wir uns in einem Machtkampf befunden und dabei verloren haben, benutzen wir den Herzensbruch, um zurückzuschlagen. Es ist eine Möglichkeit, Rache durch emotionale Erpressung zu üben. Herzensbruch ist ein Ausdruck eines unerfüllten Bedürfnisses, das jemanden zu manipulieren oder sich etwas zu eigen zu machen versucht, um es doch noch zu erfüllen. Das passiert, wenn wir abhängig waren und die Person verloren haben, von der wir abhingen.

Helper Role
Helferrolle (auch: Helfer-Syndrom)

Die Helferrolle (auch als der unechte Helfer oder Opferrolle bezeichnet) ist eine von drei Hauptrollen, die ein Mensch annimmt, wenn ein Verlust erfolgt, der nicht voll oder erfolgreich betrauert worden ist. Durch die Helferrolle vermeiden oder kompensieren wir das Verlustgefühl, indem wir versuchen, anderen Menschen bei *deren* Problemen zu helfen. In Wahrheit ist das eine Form der Kodependenz, weil es sich dabei um eine Angst davor handelt, dass der andere Mensch sich verändert oder dass es ihm besser geht. Denn wenn es ihm besser ginge, würde auch der unechte

Helfer dazu aufgefordert sein, sich zu ändern. In dieser Rolle, wie bei allen, gibst du, bist aber unfähig zu empfangen, was dich erschöpft und schließlich zum Burnout führt. Du tust das Richtige, aber aus dem falschen Grund.

Higher Consciousness
Höheres Bewusstsein

Im höheren Bewusstsein erleben wir alles vom spirituellen Standpunkt aus. Dieser Zustand ist nicht nur friedvoll und zentriert, sondern auch humorvoll, fröhlich, strahlend, transzendent, sicher, geheilt und ganzheitlich. Durch die Erfahrung des höheren Bewusstseins erkennst und siehst du andere, wie du dich selbst siehst. Du bist in der Lage, auf kreative Weise einzugreifen und zu helfen. Du schwebst auf dem sich entfaltenden Tao und badest in Beseligung. Du kannst Menschen mit dem höheren Bewusstsein meistens daran erkennen, dass sie dieses merkwürdige Lächeln anscheinend nicht aus ihrem Gesicht bringen können.

Idols
Idole

Idole sind falsche Götter, von denen wir glauben, dass sie uns retten oder glücklich machen würden. In der judo-christlichen Welt denken die meisten von uns nicht mal im Traum daran, das erste Gebot zu brechen, und doch haben wir alle irgendwelche Idole, die wir im Unbewussten versteckt haben. Diese Idole verbergen sich unter unseren Bedürfnissen, Schwelgereien und Süchten. Wenn wir Erfolg dabei haben, das zu erlangen, was wir vergöttern, führt das nur zu Ent-Täuschung und Des-Illusionierung, so dass wir uns einem anderen Idol zuwenden – oder dem Tode.

Ein Idol ist eine Verführung, der wir verfallen sind. Idole gehören zu den größten Fallen, die das Ego entworfen und aufgestellt hat, indem sie den Himmel und Gott mit Dingen ersetzen, die uns niemals glücklich machen können. Es gibt eher positiv erscheinende Idole wie Geld, Lust, Macht und Ruhm sowie eher negativ aussehende wie Krankheit, Leiden, Kreuzigung und Tod. Das Ego verlässt sich bei der Geheimhaltung dieser Fallen auf unsere mangelnde Bewusstheit und darauf, dass wir ihre Existenz leugnen.

Independence
Unabhängigkeit (Teil des Dreiecksmodells),
Unabhängigkeitswillen bzw. -streben

Unabhängigkeit ist eine der drei Hauptrollen (neben Abhängigkeit und Opferhaltung), in die wir einsteigen, wenn ein Verlust an Bindung stattgefunden hat. In dieser Rolle spalten wir uns selbst von Bedürftigkeit, Angst, Verletzung, Gefühlen, abgelehnt worden zu sein, Herzensbruch, von Schuld, Versagen und Gefühlen der Wertlosigkeit ab. Die von uns stattdessen als Schutz vor negativen Gefühlen entwickelten Kompensationen sollen uns vor dem Schmerz retten, jedoch fallen sie schließlich in sich zusammen, und wir werden uns mit ihnen auseinandersetzen müssen. Trotz all der scheinbar guten oder positiven Dinge, die wir durch Kompensation erreichen, sind wir nie in der Lage, die natürliche Belohnung zu erhalten, die uns zukommen würde, weil wir einfach nicht empfangen können, solange wir nur eine Rolle spielen.

Unabhängigkeit ist ein Bewusstseinsstadium, das wir erfahren, sobald wir durch das Stadium unserer Abhängigkeit hindurchgegangen sind. Jetzt müssen wir das integrieren oder heilen, was vergraben oder abgespalten wurde, bevor wir zur Interdependenz, zur wechselseitigen Beziehung und Verbindung, weitergehen können, in der erfolgreiche Beziehungen und größerer Erfolg möglich sind. Im Stadium der Unabhängigkeit übertreiben wir die maskuline Seite in uns auf unechte Weise. Das ist unsere

Lösung dafür, wie wir uns gefühlt haben, als wir auf unechte und schmerzliche Weise aus unserer femininen Seite des Abhängigkeitsstadiums herauskamen. Nur wenn Balance und Gleichrangigkeit zwischen unserer maskulinen und unserer femininen Seite bestehen, werden wir die Intimität und den Erfolg einer wahren Partnerschaft erreichen.

Indulgence
Einem Genuss frönen, einer Schwäche nachgeben, sich gehen lassen (z. B. auch emotional), schwelgen (z. B. auch in Gefühlen schwelgen, anstatt sie einfach zu fühlen)

Das Verhalten, in etwas zu schwelgen, entspringt einer Bedürftigkeit. Es ist ein Versuch, uns dadurch zu befriedigen, indem wir etwas nehmen oder genießen. Was wir uns jedoch einfach nehmen, können wir nicht empfangen, und ohne zu empfangen werden wir niemals zufrieden sein. Schwelgen führt zu Exzessen, und Übertreibungen führen zu Sorgen oder schlechter Gesundheit. Genüssen zu frönen ist eine der fünf Hauptpersönlichkeiten (neben Abhängigkeit, Unabhängigkeit, dunklen Selbstbildern und dem unechten Helfer; s. a. „Personalities"). Im Grunde genommen ist exzessiver Genuss eine Form der Selbstmedikation. Es ist eine Ego-Lösung für Bindungsverlust, die einfach nicht funktioniert. Schwelgen stoppt unseren Energiefluss. Es bringt Schuldgefühle mit sich, die durch Opfer kompensiert werden. Das Burnout durch Aufopferung führt uns zum exzessiven Genuss zurück als Versuch, uns wieder zu erfrischen. Schwelgen bewirkt einen Teufelskreis, der zu Süchten und zum Tod führen kann.

Innocence
Unschuld

Gott als Unschuld hat uns als unschuldige Wesen geschaffen. Jetzt aber, nachdem wir in der Illusion der Zeit gefangen sind, haben wir alle Fehler gemacht, uns schuldig gefühlt und uns selber bestraft. Die Erkenntnis unserer Unschuld ist eine der großartigsten Gaben, die wir der Welt geben können. Sie macht uns einfühlsam, verbunden, offen, bereitwillig, belehrbar, großzügig und empfänglich. Unsere Unschuld und die Bewusstheit dieser Unschuld geben uns ein echtes Gespür für Werte und für Selbstwert. Wenn wir wüssten, dass wir unschuldig sind, wüssten wir, dass wir ein Kind Gottes sind und alles Gute verdienen – Sicherheit, Heilung, Ganzheit und Heiligkeit.

Es gäbe keine Probleme, da alle Probleme aus Schuldgefühlen entspringen, die wiederum Groll und Ärger ausbrüten. Gott, der unschuldig ist, kann nur unsere Unschuld erfahren. Wir, die wir uns schuldig fühlen, projizieren unsere (Selbst-)Bewertung auf Gott; damit haben wir Angst vor ihm. Unsere Unschuld segnet die Welt und erlaubt uns, andere als unschuldig zu sehen. Wo Fehler gemacht wurden, erkennt der Unschuldige sie als einen Hilferuf und antwortet mit Mitgefühl. Der Schuldige glaubt an Verurteilung, Bestrafung und Selbstbestrafung.

Integration

Integration ist eines der zentralen Heilprinzipien. Alle Heilung ist auf einer gewissen Ebene eine Form von Integration, in der wir zwei miteinander in Konflikt stehende Teile des Bewusstseins zu einem neuen Ganzen zusammenfügen. Das integrierte Ganze enthält ein höheres Maß an Frieden, Vertrauen, Kommunikation und Erfolg. Die widerstreitenden Teile unseres Geistes, die in unterschiedliche Richtungen streben und andere Dinge schätzen, können integriert und miteinander verschmolzen werden, um größeren Erfolg zu erzielen, mehr Nähe und die Fähigkeit zu empfangen.

Interdependence
Gegenseitige Abhängigkeit (Teil des Dreiecksmodells), gemeint im Sinne einer positiven bzw. konstruktiven wechselseitigen Beziehung; (auch positive Bindung, die auf gleichrangigem Austausch beruht)

Das ist das Stadium, das mit Partnerschaft beginnt und sich auf Freundschaft, Führungsfähigkeit, Vision und Meisterschaft hin bewegt. Es entsteht durch die Integration unserer Abhängigkeit und unserer Unabhängigkeit. Das macht es uns möglich, durch die Hauptthemen unseres Unterbewusstseins zu gehen und zu beginnen, uns mit den Themen des Unbewussten bzw. der Seele zu beschäftigen. Interdependenz erlaubt uns, uns zu freuen und zu empfangen. Sie öffnet unseren Geist dafür, unsere Begabungen zu erfahren. Interdependenz ist das Gleichgewicht zwischen der maskulinen und der femininen Seite, die Gleichrangigkeit in unseren Beziehungen und Erfolg in unserer Welt hervorbringt.

Introjection
Introjektion (Fachbegriff in der Psychologie), etwa: Leid von anderen aufnehmen, im Unterschied zur Projektion

Die Psychologie der Vision betrachtet Introjektion als eine Verteidigungsstrategie, bei der wir das emotionale Leid von jemandem „schlucken", der uns nahesteht. Introjektion gehört zu den subtileren und dabei vernichtenden Fallen des Egos. Wir tragen schließlich emotionale Lasten und Leiden, die nicht zu uns gehören. Und obwohl wir vielleicht Heilung oder Therapie anwenden, um uns davon zu befreien, kann dasselbe Leid sich nach einigen Wochen oder Monaten wieder zeigen. Nur wenn wir uns von allem emotionalen Leid lösen, das wir von unseren Familien, Freunden und geliebten Menschen aufgenommen haben, können wir den Mechanismus der Introjektion dem höheren Bewusstsein übergeben, damit es diese Strategie kreativ nutzt. Es ist notwendig, dass wir Gott seinen Job zurückgeben, damit wir nicht länger unsere Familien und den Rest der Welt auf unserem Rücken oder in unserem Bauch tragen.

Joining
Verbundenheit, Verbindung aufnehmen und entfalten
(Begriff mit spezieller Bedeutung
in der Psychologie der Vision), sich verbinden

Joining ist eine einzigartige Heilmethode, die im Rahmen der Psychologie der Vision entwickelt wurde. Es ist eine Methode, sich mit einem anderen Menschen in Liebe zu verbinden, bis wir aus dessen Augen Gott uns anschauen sehen. Joining ist der Weg, sich einem anderen auf einer gleichen, horizontalen Basis zuzuwenden mit der Bereitschaft, den anderen als uns selbst zu sehen. Bei diesem Vorgang des Joining werden Leid, Trennung, Bedürftigkeit, Einsamkeit, Angst und andere negative Emotionen geheilt, indem sie energetisch durch die Chakras nach oben gehoben werden, so dass sich Heilung auf immer höheren Ebenen ergibt. Die Energie bewegt sich durch uns hindurch, bis das zu heilende Thema vollständig freigesetzt wird und wir so viel Liebe empfinden, dass wir Beseligung erleben. Auf diese Weise öffnet der Prozess des Joining das Tor, um göttliche Liebe durch die Verbindung mit dem göttlichen Geist zu erfahren.

Judgement
Bewertung, Urteilen

Beurteilungen beruhen auf unseren eigenen Schuldgefühlen. Sie stellen eine Wahrnehmung der Welt auf dem kleinsten gemeinsamen Nenner dar. Bewertung ist eine Form der Aggression, die uns trennt, um so unsere Überlegenheit zu zeigen. Beurteilungen sind eine der Wurzelursachen allen Leidens. Wenn wir fest in Bewertungen stecken, schauen wir hinaus auf die Welt und sehen die Notwendigkeit zu strafen, anstatt zu bemerken, dass die Welt Hilfe braucht.

Leadership
Führung, Führungsqualitäten, Führungsstärke haben und einsetzen; bereit sein, die Führung zu übernehmen
Führung ist etwas, was der Allgemeinheit dient. Ein Führer bzw. eine Führerin ist ein Mensch, der Probleme löst oder einen solchen Energiefluss schafft, dass die Gruppe vorankommt. Führung zu übernehmen besteht in der Kunst der Einfühlung, dem Hören auf Hilferufe. Ein Führer ist ein Mensch voller Vision, dessen Integrität unwiderstehlich ist. Echte Anführer haben Fortüne, sind begabt und haben es heraus, eine Herausforderung mit den geringst möglichen Anstrengungen und Kosten zu erledigen. Sie bringen Elemente der Ausstrahlung mit sich, der Intuition, Begabung, des Humors, der spielerischen Einstellung und der „Ungezogenheit" (Eigenwilligkeit). Eine Gruppe unterstützt den Anführer, damit der Anführer die Vorhaben und das Wohlergehen der Gruppe unterstützen kann. Ein Führer glaubt immer daran, dass es wichtiger ist, jemand anderem in einer bestimmten Situation zu helfen, als an sich selber zu denken oder sich selbst „niederzumachen".

Letting Go
Loslassen
Loslassen ist ein Heilungsprinzip, das uns in jeder beliebigen Situation vorwärtsbringt. Loslassen ist der Vorgang, dass wir uns von einer Verhaftung sowie von Bedürfnissen befreien, die

uns festhalten. Loslassen zerschneidet das „Seil der Bindung" an Phantasien, Erwartungen und an Perfektionismus, die Stress, Frustration und Enttäuschung erzeugen. Loslassen heilt das Haften, das an der Wurzel allen Leidens ist, begründet erneut echte Verbundenheit und führt zu Energiefluss auf den jeweils nächsthöheren Ebenen in dem Maße, wie wir loslassen.

Hauptformen des Loslassens sind: die Dinge in Gottes Hände geben; die negativen Gefühle übertreiben und sie erspüren, bis sie sich völlig ausgebrannt und aufgelöst haben; vergeben, verzeihen und den nächsten Schritt im Leben machen. Loslassen trägt die Fähigkeit in sich, das schlimmste Leid und zerbrochene Träume aus einer ganz neuen Perspektive zu sehen, die uns nicht mehr zurückhält, sondern uns in unserem Leben unterstützt und fördert.

Life Stories
Lebensgeschichten, unbewusste „Skripte"
(Fachbegriff in der Psychologie; auch „Drehbücher")

Lebensgeschichten sind unbewusste Skripte („Drehbücher"), die wir uns aussuchen, um danach zu leben. Sie enthalten sowohl dunkle wie heilende Geschichten. Dunkle Geschichten beruhen auf spezifischen Egozielen und Plänen, die immer zu Leiden führen. Sie führen uns weg vom Leben auf den Tod zu, und sie stellen Schlüsselmuster dar, die wir beim Vorliegen jeder Art von chronischer Problematik erforschen sollten. Glückliche Geschichten sind auf der anderen Seite solche, die das Leben beschwingter machen und uns in einer positiven Richtung vorwärtsbringen.

Loss
Verlust; (auch Niederlage oder Schadensfall)

Verlust ist eine archetypische Erfahrung von der Trennung bzw. Abspaltung aus einem bisherigen Zustand. Jeder Verlust erzeugt

Angst, Bedürftigkeit, zerbrochene Bindungen und Einsamkeit; aber es gibt keinen Verlust ohne eine Entscheidung dafür. Auf der irdischen Ebene zeigt uns Verlust an, dass das, worauf wir uns verlassen haben (wovon wir abhängig waren), uns nicht erhalten konnte und dass es Zeit ist für eine neue Geburt, die größeren oder echteren Erfolg erschaffen wird.

Mastery
Meisterschaft, Meisterung

Meisterschaft ist ein Bewusstseinszustand, in dem wir uns unseres eigenen Seins bewusst sind. Wenn wir das Stadium von Meisterschaft erleben, sind wir so in unserer Mitte zentriert, dass wir weder in der Vergangenheit noch in der Zukunft, sondern nur im Hier und Jetzt leben. Wir können einen Zustand des „Nicht-Geistes" erreichen bis zu einem Punkt, an dem wir große Fröhlichkeit, Liebe, Erstaunen, Unschuld und Gnade erleben sowie die Erkenntnis, dass wir Gottes Kind sind. Meister sind „Kanäle" für Gnade und Inspiration zwischen Himmel und Erde.

Mind
Geist, Bewusstsein

Gott als reiner Geist oder Spirit schuf uns nach seinem Bilde. Unsere Seele ist die Erfahrung unseres Geistes in der Zeit, nachdem wir einmal eingeschlafen und uns nicht mehr des Zustands der Einheit und des Eins-Seins bewusst sind.

Miracles
Wunder

Wunder sind Gottes Antwort auf unsere Probleme und Schmerzen. Sie gründen auf Liebe und gehen über die Gesetze von Zeit und Raum hinaus; sie lösen Muster und Karma auf, die uns bremsen und behindern. Ein Wunder bietet uns einen Sprung nach vorn auf eine größere Bühne von Wahrheit an. Jeder von uns hat das Potenzial, Wunder zu erschaffen, obwohl die meisten unter uns diese Fähigkeit an einen Ort tief im Unbewussten verdrängt haben. Neben ihrer Fähigkeit, unsere derzeitige Situation zu heilen, können Wunder im gesamten Feld des menschlichen Bewusstseins erspürt werden.

Needs
Bedürfnisse, Bedürftigkeit, Mangel

Wir erleben Bedürftigkeit, wenn Bindungen verloren wurden und als Folge dessen ein Mangel auftritt. Bedürfnisse lassen uns leer fühlen und einsam, und deshalb versuchen wir zu erhalten oder zu nehmen, aber wir können nicht wahrhaft empfangen, was wir uns einfach genommen haben. Bedürfnisse erzeugen Angst, Festhalten, Gefühle der eigenen Unzulänglichkeit und Unwilligkeit. Sie stammen aus Erfahrungen von Trennung, Verlust oder Verlassenwerden. Bedürftigkeit schafft Illusionen, Probleme und Muster, die zum Scheitern verurteilt sind. Ein Bedürfnis kann durch Geben oder Verzeihen erfüllt werden, durch Verständnis oder Loslassen oder durch andere heilende Methoden. Bedürfnisse sind nachhaltig wirksame Energieprozesse, die an der Wurzel aller Probleme liegen.

Pain (emotional pain)
Emotionales Leid, emotionale Not

Leid ist ein Zustand des Widerstands, der erzeugt wird, wenn wir einen Fehler machen. Aufgrund einer Entscheidung, die wir getroffen haben, oder aufgrund irgendeines negativen Glaubenssatzes haben unsere Handlungen einen Konflikt geschaffen. Das Ausmaß unseres Leids in einer Situation hängt davon ab, wie sehr oder wenig wir bereit und willens sind, zu lernen, zu heilen und die Situation so zu akzeptieren, wie sie ist.

Parenting
Liebevolle elterliche Fürsorge

Elterliche Fürsorge ist die Kunst des Pflegens, Förderns und Anleitens von Kindern sowie die Kunst, ihnen einen sicheren Ort zu bieten, an dem sie das Leben, den Erfolg und die Nähe erlernen.

Perception
Wahrnehmung

Wahrnehmung ist zunächst einmal unsere visuelle Erfahrung der Welt. Unsere Wahrnehmung wird von der Projektion unserer Glaubenssätze und Überzeugungen gebildet, von unseren Werten und Ich-Konzepten. Anders gesagt ist die Welt, wie wir sie sehen und erfahren, das, was wir von uns selbst glauben. Indem wir unser Bewusstsein heilen, wird sich die Welt – und wie wir sie wahrnehmen – transformieren.

Personalities
Persönlichkeiten (Fachbegriff in der Psychologie),
auch eigenständige Ausprägungen von Teilaspekten
der Persönlichkeit

Persönlichkeiten sind Ich-Konzepte, die das Ego benutzt, um sich aufzubauen. Jede einzelne hat ihr eigenes Rezept für das Glück, ihre eigene Logik und Strategie, wie Glück zustande kommen soll. Persönlichkeiten sind Aspekte des Bewusstseins, die „Handeln" erzeugen, um irgendwohin zu gelangen, um etwas zu schaffen oder etwas zu erhalten. Unsere Tausende von Persönlichkeiten stehen alle im Wettbewerb um ihren Vorrang. Jede einzelne stoppt den Energiefluss, die Inspiration, Intuition und unsere Gaben und Fähigkeiten. Wir haben sie ursprünglich angenommen, um für andere annehmbar zu sein; sie haben uns jedoch zum Teil einer einsamen Menge gemacht: Persönlichkeit ist eine Methode, wie man zusammen allein sein kann.

Jede Persönlichkeit ist wie ein einzelnes Zellophanpapier, das uns daran hindert, zu empfangen oder die Hilferufe aus der Umwelt zu hören. Persönlichkeiten können eine Begabung imitieren, aber sie blockieren die natürliche Belohnung, die Gaben mit sich bringen. Persönlichkeiten können auch negativ und störend sein. Sie nehmen uns aus dem „Hier und Jetzt" heraus und erzählen uns, dass das Glück sich woanders befindet und wir losziehen müssen, um es zu erlangen. Persönlichkeiten sind die ersten Aspekte des Egos, die wir annehmen, und sie sind die letzten, die wir vor der Erleuchtung wieder loswerden.

Es gibt fünf Hauptpersönlichkeiten: die abhängige, die unabhängige, die sich opfernde, die einer Vorliebe frönende und die rebellische Persönlichkeit. Jede Persönlichkeit hat sich aus einer Form von Getrenntheit oder verlorener Bindung (Bonding) entwickelt. Wir können diese Persönlichkeiten leicht durchbrechen, und wenn wir das tun, fallen Befangenheit, Selbstquälerei und Eigenangriffe weg. Dann sind wir wieder fähig, die Hilferufe aus unserer Umgebung zu hören, die zu hören die Persönlichkeiten verhindern sollten.

Power Struggle
Machtkampf

Ein Machtkampf ist die Projektion eines inneren Konfliktes auf die Außenwelt. Machtkämpfe entstehen aus unserem Autoritätskonflikt. Sie stellen unsere Bemühung dar, jemand anderen zu besiegen, um eine Situation zu beherrschen. Alle Machtkämpfe beruhen auf Angst vor dem nächsten Schritt, und jede am Machtkampf beteiligte Person handelt zwar meist gegensätzlich, fühlt aber dasselbe. Machtkämpfe sind ein Kampf um Kontrolle und werden üblicherweise von alten Herzensbrüchen verursacht.

Purpose
Lebensaufgabe, Lebenssinn,
Aufgabe der Seele; auch Ego-Strategie bzw. Zweck

Die herausragende Wichtigkeit, den eigenen Lebenssinn zu erfüllen, ist eines der Schlüsselprinzipien der Psychologie der Vision. Unsere Lebensaufgabe ist das Versprechen unserer Seele, der Welt zu helfen. Deshalb sind wir hierhergekommen. Unsere Seelenaufgabe ist oft so groß und großartig, dass die meisten von uns das Leben damit verbringen, davor fortzulaufen – indem sie Hindernisse und Probleme produzieren, um die Aufgabe zu verstecken oder um sich selbst zu verstecken. Probleme sind entweder ein Versuch, vor unserem Sinn davonzulaufen, oder sie sind wesentliche Lektionen, die wir lernen müssen, um die Lebensaufgabe zu erfüllen.

2. Definition: „Purpose" ist auch ein Begriff, der die Strategien des Egos beschreibt, die „Agenda" des Egos , seine Absichten und Pläne. Beispielsweise wie ein bestimmtes Problem einem bestimmten Zweck für uns dient. In dieser Hinsicht verwendet, bezeichnet der Begriff Zweck die Absichten des Egos, die fehlgeleiteten dynamischen Energieprozesse, die allen Problemen zugrunde liegen.

Radical Dependence
Radikale Abhängigkeit
(Teil des Dreiecksmodells; s.a. Spirituelle Abhängigkeit)

Das ist der Zustand, zu dem hin wir alle uns entwickeln. Es ist die Einordnung unseres Willens in den Willen Gottes; wir erkennen uns in diesem Zustand selbst als Kind Gottes, wir hören auf die Führung und verwirklichen die Antworten zu jedem Thema. Während wir dies tun, empfangen wir die Gaben und die Gnade, welche unser Glück erschaffen. Radikale Abhängigkeit ist der einfache mystische Zustand, in dem wir in zunehmendem Umfang unseren Kampf mit Gott aufgeben und damit unser Bedürfnis nach Getrenntheit. Er ist die Erfahrung unbändiger Freude, Kreativität und grenzenloser Liebe.

Receiving
Empfangen, Aufnahmebereitschaft, offen sein
Empfangen ist der weibliche Aspekt der Liebe. Es ist die Gabe der eigenen Öffnung dafür, das, was uns angeboten wird, anzunehmen, zu schätzen und zu integrieren. Es ist unauflöslich mit Geben verbunden: Wenn wir mehr empfangen, werden wir selbstverständlich und auf natürliche Weise mehr geben, und wenn wir mehr geben, öffnen wir die Tür, um zu empfangen. Den meisten Menschen liegt es sehr wenig zu empfangen, und nur, wenn wir eine Balance zwischen der männlichen und weiblichen Seite erzielen, können wir lernen, richtig zu empfangen.

Recognition
Anerkennung, Würdigung
Anerkennung ist das Interesse und die Würdigung, die anderen Menschen gegeben wird. Wir schenken ihnen unsere Aufmerksamkeit, bewahren sie in unserem Bewusstsein und kreieren damit einen positiven Energiefluss. Das Ego verachtet Würdigung und Anerkennung, außer wenn es seinen verborgenen Motiven dient. Das macht es schwierig, andere zu schätzen oder selbst geachtet zu werden, da dies zur Zerstörung des Egos führen würde. Nur in dem Maß, wie wir anderen Achtung, Respekt und Würdigung erweisen, werden wir uns anerkannt fühlen.

Rejection
Ablehnung, Zurückweisung
Ablehnung ist die Erfahrung, zurückgewiesen zu werden und unerwünscht zu sein, was emotionale Verletzung auslöst. Das entsteht aufgrund unseres eigenen Widerstands und der Weigerung, die Dinge so zu akzeptieren, wie sie sind. Der alte Spruch lautet: „Zurückweisung ist Projektion" (im Englischen: „rejection is projection"). Wenn wir uns abgelehnt fühlen, sind in Wahrheit wir diejenigen, die sich weigern, etwas anzunehmen, und dieser Vorgang der Bewertung und Ablehnung erzeugt die Verletzung. Diese falschen Gefühle, sich als zurückgewiesen zu empfinden, kommen meistens auf, wenn wir versuchen, etwas zu erhalten oder uns zu nehmen. Wenn wir diese Lektion nicht lernen, bringt uns das auf den Weg zum Herzensbruch.

Resistance
Widerstand
Widerstand ist ein Stresszustand, der durch Widerwilligkeit bewirkt wird. Es ist ein Gefühl, dass wir etwas nicht akzeptieren wollen und deshalb meinen, es von uns wegstoßen zu müssen. Je größer unser Widerstand, desto langsamer bewegen wir uns vorwärts; je größer Leid und Schmerz, desto größer das Problem. Widerstand entsteht, wenn sich etwas anderes ereignet, als unser Ego geplant hat. Das Widerstreben wird von der Angst erzeugt, die wiederum von unseren unterschiedlichen Persönlichkeitsaspekten erzeugt wird, die alle andere Ziele verfolgen.

Responsibility
Verantwortung, Verantwortlichkeit
Verantwortung ist die Fähigkeit zu antworten (englisches Wortspiel: „response-ability"): Es ist die Kunst des Eingehens auf andere. Das bedeutet, die Hilferufe aus unserer Umwelt zu hören

und uns zu jenen zu begeben, die uns brauchen. Verantwortlich zu sein heißt, nach vorn zu treten und unsere Führungsqualitäten einzusetzen, um größeren Erfolg, Kohäsion (Bindekraft) und Teamarbeit zu manifestieren. Das Ego versucht, Verantwortlichkeit mit Bürde und Opfer zu verwechseln.

Romance
Verliebtheit, Verliebt-Sein

Verliebtheit ist das erste Stadium von Beziehungen; wir projizieren unser idealisiertes Selbst auf den Partner. In dieser Phase werden wir vom Partner angezogen und „in die Höhe gehoben", weil er zu allen unseren fehlenden Teilen zu passen scheint. Obwohl Verliebtheit auf Bedürfnis und Illusion beruht, kann dieses Stadium dir helfen zu zeigen, welche Möglichkeiten in der Beziehung enthalten sind – was sie werden kann, wenn sie geheilt und ganzheitlich ist. Diese Phase zeigt auch den Zustand von Liebe, Freude und Kreativität, die selbstverständlich werden können.

Sacrifice
Opfer, Verzicht, sich aufopfern

Aufopferung ist eine der Schlüsselrollen, die auf Schuld und Selbstwertmangel beruhen. Opfer ist ein Versuch, Dinge dadurch ins Lot zu bringen, dass man sich selber aufgibt. Es ist eine der drei Schlüsselrollen, um Verlust zu kompensieren, führt jedoch zu Fusion und verstärkt das Gefühl des Versagens, das es eigentlich kompensieren sollte. Aufopferung stellt uns entweder über oder unter andere. Wenn wir uns anderen überlegen fühlen, neigen wir dazu, sie zu tragen; wenn wir uns unterlegen fühlen, opfern wir uns für sie, um uns der Beziehung wert zu fühlen. Aufopferung ist eine versteckte Form von Konkurrenz und trägt deshalb auch die Angst vor Erfolg in sich. Sie ist sowohl eine Energieverschwendung als auch unwirksam, weil in Wahrheit niemand zum Opfer aufgerufen ist – was durch Aufopferung erreicht zu werden scheint, kann besser ohne Opfer vollbracht werden. Sich aufzuopfern bedeutet zu geben, ohne zu empfangen, und ist damit nicht authentisch und führt zu Gefühlen von Leblosigkeit und Ausgebranntsein.

Scripts
Skripte (Fachbegriff in der Psychologie;
s. a. Life Stories), „Drehbuch"

Das sind die Rezepte oder Geschichten, die wir erfinden und nach denen wir leben. Wir ordnen anderen Drehbücher zu, nach denen sie leben sollen, und ärgern uns, wenn sie das nicht tun. Wir versagen dabei festzustellen, dass wir auf unterbewussten und unbewussten Ebenen die Skripte von jedem schreiben (selbst von denen, die uns zu frustrieren scheinen) – in der Hoffnung, bestimmte Vorteile aus diesen Geschichten zu erlangen.

Self-abuse
Eigenmissbrauch, Verachtung seiner selbst, Auto-Aggression

Das ist der Eigenangriff und die Selbstquälerei, die auf dem Gefühl beruht, nicht gut genug zu sein, worauf sich alle Persönlichkeiten bzw. Persönlichkeitsanteile aufbauen. Jedes Problem ist tatsächlich eine Form des Selbstmissbrauchs, der aufgrund von Schuldgefühlen entsteht.

Self-attack
Selbstangriff, Eigenangriff, Auto-Aggression

Wenn man sich selbst in der einen oder anderen Form „niedermacht", ist das eine Art, sich aufgrund Selbsthasses selber zu bestrafen. Das entstammt eigenen Schuldgefühlen oder Ärger über sich selbst und ist ein Versuch, sich selbst „an die Kandare zu nehmen". Diese Egostrategie funktioniert natürlich nie. Eigenangriff ist in der heutigen Welt wahrscheinlich eines der größten Probleme. Daraus gehen viele unserer Sorgen und Belastungen hervor und unsere Aggressionen gegen andere.

Selves
Selbstanteile, „Selbste", (Begriff mit spezieller Bedeutung in der Psychologie der Vision)

Das sind jene Persönlichkeiten (bzw. Persönlichkeitsanteile), Ich-Konzepte oder Teilaspekte unseres Bewusstseins, die ihre eigenen Absichten verfolgen und glauben, sie wüssten, was uns vorwärtsbringt und glücklich macht. (s. a. *Personalities*)

Separation
Trennung, Getrenntheit

Trennung ist an der Wurzel aller Probleme und bringt jene destruktiven und selbstzerstörerischen Elemente hervor, die es in unserem Leben gibt. Getrenntheit ist das Gegenteil von Liebe; sie erzeugt Angst, Schuldgefühle, Bewertungen und einen Autoritätskonflikt. Letzten Endes beruht sie auf der Illusion, die uns zum Einschlafen geführt hat, womit wir unsere Bewusstheit des Himmels, der Einheit und des Eins-Seins verloren haben.

Specialness
Besonderheit
(Begriff mit spezieller Bedeutung in der Psychologie der Vision), etwas Besonderes sein wollen

Besonderheit ist die Reaktion des Egos auf Liebe. Immer, wenn es irgendwo ein großartiges Geschenk gibt, macht das Ego eine Falschgeldausgabe davon – wie zum Beispiel Aufopferung die Falschgeldausgabe von Liebe ist – im Versuch, uns von der echten Sache wegzulocken. Das Ego fürchtet sich vor unseren Gaben und Begabungen, weil die Liebe, die aus dem Austausch von solchen Geschenken entsteht, das Ego abschmelzen lässt. Sich als etwas Besonderes zu fühlen oder es sein zu wollen baut darauf auf, die meiste Aufmerksamkeit zu bekommen, positiver oder negativer Art, um das Ego zu nähren und zu stärken. Besonderheit ist eine der Hauptfallen in Beziehungen, weil sie Gleichrangigkeit, Gleichwertigkeit, Erfolg und Intimität verhindert.

Spirit
Spirit, Geist, höheres Bewusstsein

Spirit ist der Zustand des Seins; er ist das Gewebe von Liebe, Licht, Einheit und der Natur Gottes in uns selbst. Spirit ist der Zustand der Ewigkeit.

Spiritual dependence (siehe Radical Dependence)

Spirituality
Spiritualität

Spiritualität ist die Erfahrung, das Leben aus einer spirituellen Perspektive zu sehen. Der spirituelle Weg ist ein Pfad, der uns zu Liebe, Glück und Eins-Sein führt. Es ist die Sehnsucht nach Wahrheit, die uns weiter vorwärts geleitet, um immer fröhlicher und wirkungsvoller zu werden, von Gnade erfüllt und unschuldig.

Split Mind
Gespaltenes Bewusstsein, getrenntes Ego-Bewusstsein

Das ist der Zustand des Egos. Unser Bewusstsein ist durch Selbstbewertung und -verurteilung sowie Eigenangriffe auf tausenderlei Weise gespalten worden, so dass es praktisch unmöglich geworden ist zu wissen, was wir glauben, was wir wollen. Unsere abgetrennten bzw. abgespaltenen Bewusstseinsanteile erzeugen Konflikt, was eine der Wurzeln aller Probleme ist, und Ambivalenz (Unentschiedenheit), Widerstreben und Angst. Spiritualität ist der Weg, um unser gespaltenes Bewusstsein zu heilen, damit wir nur eine einzige Sache wollen: „Suchet zuerst nach dem Reiche Gottes, dann wird euch alles andere dazugegeben."

Taking
Nehmen, sich etwas aneignen
(entsteht als Pendant zum unwahren Geben;
Differenzierung gegenüber „demands" = Forderungen
und „possession" = Besitz, Inbesitznahme)

Nehmen ist eine Egostrategie, die entworfen wurde, um unsere Bedürfnisse zu erfüllen. Nehmen erzeugt Angst und ist der Stoff, aus dem Zurückweisungen und gebrochene Herzen gemacht sind. Was immer wir nehmen, es wird niemals unsere Bedürfnisse erfüllen – vielmehr stärkt es sie, weil Nehmen auf keinerlei Weise unseren Selbstwert fördern oder steigern kann. In Wahrheit lässt es uns uns schuldiger fühlen, was nur noch zu unseren Gefühlen der Wertlosigkeit beiträgt. Nehmen steckt im Kern aller Machtkämpfe und Leblosigkeits- oder Abgestorbenheitsgefühle, weil wir uns selber nämlich zurückziehen, damit andere nicht von uns nehmen können. Wir wollen nehmen, um erfüllt zu werden, und erkennen dabei nicht, dass nur im Geben, im Lieben und in Kreativität wahre Erfüllung gefunden werden kann.

Temptation
Versuchung, Verführung

Versuchung ist eine Egofalle, die dazu dient, uns dann zu stoppen, wenn wir gerade kurz davor sind, unser Ziel zu erreichen. Im typischen Fall verlockt uns das Ego mit einer Eigenschaft, die ohnehin verwirklicht würde, wenn wir jenen nächsten Schritt erreichen, wie unglaublich das auch scheinen mag (damit wir diesen Schritt eben nicht machen). Das Ego weiß, was wir zu brauchen glauben, und benutzt das als ein Mittel, um uns abzulenken, zu verzögern und zu stoppen. Verführung funktioniert nur aufgrund unserer Bedürftigkeit und unserer Schuldgefühle. Nur was uns versucht, kann uns töten. Versuchung ist immer ein Signal für uns, dass wir uns auf unser Ziel oder unseren Partner verpflichten („commit") und unsere Energie in etwas investieren sollten, das unser Leben weiter aufbaut, anstatt nur eine flüchtige Leidenschaft zu befriedigen.

Triangle Relationships
Dreiecksbeziehungen
Diese Beziehungsfalle wird von der Ödipus-Verschwörung erzeugt. Alle drei beteiligten Menschen haben Angst, die Wahrheit zu erkennen und das Problem zu lösen. Wenn wir in einer Dreiecksbeziehung gefangen sind, ist das ein Ausdruck unseres brüchigen Glaubens, dass wir alle Merkmale, die wir uns erhoffen, in einem einzigen Menschen finden und wahre Liebe erleben könnten. Die Ödipus-Verschwörung, die von verlorener Verbundenheit und Schuldgefühlen verursacht wird, ist eine der großartigen Fallen des Egos, die uns von echter Liebe und Partnerschaft fernhalten. Wenn wir uns auf die Wahrheit und auf das nächste Stadium in unserem Leben mit ganzem Herzen verpflichten, kann das die Lösung dieser Situation bewirken, wie unmöglich das auch erscheinen mag. Diese Falle ist „idiotensicher", aber nicht sicher vor Gott.

Unhappiness
Unglücklichsein
Unglücklichsein ist ein Zustand des Rückzugs, in dem wir unsere Mitte und das Gefühl für unser Selbst verloren haben. Wir haben aufgehört, uns selbst zu geben, und wir sind nicht offen dafür zu empfangen. Wir haben einen Koller, ausgelöst durch eine Verlusterfahrung, anstatt loszulassen und den Weg freizugeben für

eine Wiedergeburt auf einer viel besseren Ebene. Unglücklich zu sein entspringt unseren Fehlern und missratenen Schöpfungen und daraus, auf die Stimme des Egos zu hören anstatt auf die Stimme unseres höheren Bewusstseins. Sogar jetzt, in diesem Augenblick, ist die Stimme Gottes in uns und flüstert uns die Antwort zu. Wenn wir nur darauf hören würden, würde sie uns nicht nur die Antwort zutragen, sondern auch die Gnade der Antwort.

Victimization
Opferhaltung, jemanden zum Opfer machen

Opferrollen und Opferhaltung sind ein Schlüsselanliegen des Egos, das dazu dient, uns schwach zu halten. Obwohl es anders aussieht, ist unsere Opferrolle ein Akt der Rache, ein Versuch, jemanden zu besiegen, ein fehlgeleiteter Versuch, uns vor Angst zu schützen oder eine Schuld abzuzahlen. Wir benutzen diese Strategie im Bemühen, die Erlaubnis zu erhalten, etwas zu tun oder etwas nicht tun zu müssen. Unsere Opferhaltung malt uns das Gesicht der Unschuld auf, während wir einen uns wichtigen Menschen angreifen.

Unsere Opferrolle ist die Folge sowohl von Eigenangriff als auch einem Groll gegen jemanden aus unserem näheren Umfeld. Sie ist ein Versuch festzuhalten, einer Lust zu frönen oder in Gefühlen zu schwelgen, etwas zu beweisen, in einer Sache Recht zu behalten, uns als jemand Besonderes darzustellen oder sogar uns aufzuopfern, um jemand anderen zu erretten. Das sind nur einige wenige der Absichten des Egos, die in der Opferhaltung präsent sind. Die Opferrolle leugnet Eigenverantwortung und versteckt jene unterbewussten und unbewussten Muster und Entscheidungen, welche diese Opferhaltung erzeugt haben. Sie ist eine der schwächsten und leidvollsten Positionen im Leben. Wenn wir alle Opferrollen in uns aufgeben würden, wären wir erleuchtet.

Vision

Vision ist eine Verbindung („joining") von Herz und Geist, in der wir uns so vollständig öffnen und so umfassend geben, dass sich ein neuer und positiver Weg offenbart und uns mit Inspiration vorwärtsträgt. Vision ist die schöpferische Zukunft, die uns einen besseren Weg zeigt, der über die Wiederholungen der Vergangenheit hinausgeht, die sich sonst immer wieder und wieder in unserem Leben abspielen.

Wir haben Angst vor unserer Zukunft und glauben, sie wird genau so wie die Vergangenheit. Damit sind die Hindernisse, denen wir uns jetzt gegenübersehen, in Wirklichkeit die unerledigten Dinge aus der Vergangenheit und die Angst vor der Zukunft. Vision schlägt diesen gordischen Knoten entzwei, um uns einen besseren Weg zu zeigen. Sie weist uns den nächsten Schritt in unserer Lebensaufgabe und erlaubt uns, das loszulassen, was unnötig ist, damit wir unser Leben auf einen echteren Sinn konzentrieren können. Vision ist der Sprung der Liebe über den Abgrund, der anderen eine Brücke hinterlässt, damit sie folgen können. Wenn wir alles in uns einsetzen und wagen und nichts zurückhalten, kann die Geburt der neuen Vision stattfinden.

Kurzübersicht wichtiger Begriffe Englisch–Deutsch

Accountability: Eigenverantwortlichkeit, auch Rechenschaftsfähigkeit bzw. -bereitschaft
Ancestral Pattern: Ahnenmuster, ererbte Muster, „Familien-Karma", Muster, die durch Generationen der Ursprungsfamilie zu uns gelangt sind
Attachment: Bindung, an etwas oder jemandem haften
Appreciation: Anerkennung, Wertschätzung
Authority Conflict: Autoritätskonflikt
Beliefs: Glaubenssätze, Muster, die sich verselbständigt haben, Überzeugungen
Blame: Schuldzuweisung, anderen Vorwürfe machen
Bonding: Sich verbinden, Verbundenheit, Bindung
Centering: Zentrierung, in die eigene Mitte kommen
Choice: Entscheidung, manchmal auch: eine Wahl bzw. Auswahl treffen
Commitment: Selbst-Verpflichtung, Hingabe, Entscheidung für etwas, sich engagieren, sich einlassen; Bindung (im positiven Sinn)
Competition: Konkurrenzdenken, Wettbewerbsverhalten
Complaint: Klagen, Vorwürfe machen
Conspiracies: Verschwörungen (innerpsychische, unbewusste „geheime Abmachungen")
Dead Zone: Tote Zone, leblose Zeitphase
Death Temptation: Todessehnsucht, Todesversuchung
Defence Mechanism: Verteidigungsstrategie, Abwehrmechanismus
Dependence: Abhängigkeit (Teil des Dreiecksmodells)
Dissociation: Dissoziation (Fachbegriff in der Psychologie: Abspaltung, auch Abtrennung oder Loslösung)
Ego: Ego, Ich
Embracing: Aufnehmen, Erfassen, Wertschätzen
Emotional Evolution: Emotionale Evolution
Eye contact: Direkter Augenkontakt
Fear: Furcht, Angst
Forgiveness: Vergebung
Fusion: Fusion, Verschmelzung in gegenseitiger Abhängigkeit ohne echte Nähe
Giftedness: Begabung, Fähigkeit, die eigenen Gaben zu verwirklichen

Giving: Geben (unwahres Geben kann später zum Nehmen führen)
Grace: Gnade
Guilt: Schuld, Schuldgefühle
Happiness: Glück, Glücksgefühl
Heartbreak: Herzensbruch, gebrochenes Herz
Helper Role: Helferrolle (auch: Helfer-Syndrom)
Higher Consciousness: Höheres Bewusstsein
Idols: Idole
Independence: Unabhängigkeit (Teil des Dreiecksmodells; siehe 7. Kapitel), Unabhängigkeitswillen bzw. -streben, Eigenständigkeit; (wird in der Psychologie der Vision eher als Zwischenstadium der Entwicklung und als problematisch angesehen)
Indulgence: Einem Genuss frönen, einer Schwäche nachgeben, sich gehen lassen (zum Beispiel emotional), schwelgen (z. B. in Gefühlen schwelgen, anstatt sie einfach zu fühlen)
Innocence: Unschuld
Integration: Integration (Fachbegriff in der Psychologie)
Interdependence: Gegenseitige Abhängigkeit (Teil des Dreiecksmodells), gemeint im Sinne einer positiven bzw. konstruktiven wechselseitigen Beziehung
Introjection: Introjektion (Fachbegriff in der Psychologie, etwa: Leid von anderen aufnehmen, im Unterschied zur Projektion)
Joining: Verbundenheit, Verbindung aufnehmen und entfalten (Begriff mit spezieller Bedeutung in der Psychologie der Vision), sich verbinden
Judgement: Bewertung, Urteilen
Leadership: Führung, Führungseigenschaften, Führungsqualitäten, Führungsstärke haben und einsetzen
Letting Go: Loslassen
Life Stories: Lebensgeschichten, unbewusste „Skripte" (Fachbegriff in der Psychologie); auch „Drehbücher"
Loss: Verlust, auch Niederlage oder Schadensfall
Mastery: Meisterschaft, Meisterung
Mind: Geist, Bewusstsein
Miracles: Wunder
Needs: Bedürfnisse, Bedürftigkeit, Mangel
Oneness: Einheit, Eins-Sein
Pain (emotional): Emotionales Leid, emotionale Not
Parenting: Liebevolle elterliche Fürsorge
Perception: Wahrnehmung
Personalities: Persönlichkeiten (Fachbegriff in der Psychologie, auch: eigenständige Ausprägungen von Teilaspekten der Persönlichkeit); es gibt

fünf Hauptunterteilungen: die abhängige, die unabhängige, die sich aufopfernde, die schwelgende und die rebellische Persönlichkeit
Power Struggle: Machtkampf
Purpose: Lebensaufgabe, Lebenssinn, Aufgabe der Seele, auch Zweck
Radical Dependence: Radikale Abhängigkeit (Teil des Dreiecksmodells; s. a. Spirituelle Abhängigkeit)
Receiving: Empfangen, Aufnahmebereitschaft
Recognition: Anerkennung, Würdigung
Rejection: Ablehnung, Zurückweisung
Resistance: Widerstand
Responsibility. Verantwortung, Verantwortlichkeit
Romance: Verliebtheit, verliebt sein
Sacrifice: Opfer, Verzicht, sich aufopfern
Scripts: Skripte (Fachbegriff in der Psychologie; s. a. Life Stories), „Drehbuch"
Self-abuse: Eigenmissbrauch, Auto-Aggression
Self-attack: Selbstangriff, Eigenangriff, Auto-Aggression
Selves: Selbstanteile, „Selbste" (Begriff mit spezieller Bedeutung in der Psychologie der Vision)
Separation: Trennung, Getrenntheit
Specialness: Besonderheit (Begriff mit spezieller Bedeutung in der Psychologie der Vision), etwas Besonderes sein wollen
Spirit: Spirit, Geist, höheres Bewusstsein
Spiritual Dependence: siehe „Radical Dependence"
Spirituality: Spiritualität
Split Mind: Gespaltenes Bewusstseins, getrenntes Ego-Bewusstsein
Taking: Nehmen (entsteht als Pendant zum unwahren Geben; Differenzierung gegenüber demands = Forderungen und possession = Besitz, Inbesitznahme)
Temptation: Versuchung, Verführung
„Transferenz": „Transference ist der psychiatrische Fachbegriff für Frakturen, die aus der Vergangenheit in der Verkleidung als gegenwärtige Situation in unser heutiges Bewusstsein kommen"; (nicht mit „Transfer" gleichzusetzen, was sich auf die Beeinflussung einer Denk- und Lernleistung durch andere bezieht! Vgl. auch den Abschnitt „Transferenz" auf Seite 38)
Triangle Relationships: Dreiecksbeziehungen
Unhappiness: Unglücklichsein
Victimization: Opferrolle, Opferhaltung, jemanden zum Opfer machen (kann aktiv oder passiv gemeint sein)
Vision: Vision

Kurzübersicht wichtiger Begriffe Deutsch–Englisch

Abhängigkeit (Teil des Dreiecksmodells): *Dependence*
Ablehnung, Zurückweisung: *Rejection*
Ahnenmuster, ererbte Muster, „Familien-Karma", Muster, die durch Generationen der Ursprungsfamilie zu uns gelangt sind: *Ancestral Pattern*
Anerkennung, Wertschätzung: *Appreciation*
Anerkennung, Würdigung: *Recognition*
Aufnehmen, Erfassen, Wertschätzen: *Embracing*
Autoritätskonflikt: *Authority Conflict*
Bedürfnisse, Bedürftigkeit, Mangel: *Needs*
Begabung, Fähigkeit, die eigenen Gaben zu verwirklichen: *Giftedness*
Besonderheit (Begriff mit spezieller Bedeutung in der Psychologie der Vision), etwas Besonderes sein wollen: *Specialness*
Bewertung, Urteilen: *Judgement*
Bindung: *Attachment*
Direkter Augenkontakt: *Eye contact*
Dissoziation (Fachbegriff in der Psychologie: Abspaltung, auch Abtrennung oder Loslösung): *Dissociation*
Dreiecksbeziehungen: *Triangle Relationships*
Ego: *Ego*
Eigenmissbrauch, Auto-Aggression: *Self-abuse*
Eigenverantwortlichkeit, auch Rechenschaftsfähigkeit bzw. -bereitschaft: *Accountability*
Einheit, Eins-Sein: *Oneness*
Emotionale Evolution: *Emotional Evolution*
Emotionales Leid, emotionale Not: *Pain* (emotional)
Empfangen, Aufnahmebereitschaft: *Receiving*
Entscheidung, manchmal auch: eine Wahl bzw. Auswahl treffen: *Choice*
Führung, Führungsqualitäten, Führungsstärke haben und einsetzen: *Leadership*
Furcht, Angst: *Fear*
Fusion, scheinbare Verschmelzung in gegenseitiger Abhängigkeit ohne echte Nähe: *Fusion*
Geben (unwahres Geben kann später zum Nehmen führen): *Giving*
Gegenseitige Abhängigkeit (Teil des Dreiecksmodells): *Interdependence*

Geist, Bewusstsein: *Mind*
Gespaltenes Bewusstseins, getrenntes Ego-Bewusstsein: *Split Mind*
Glaubenssätze, Muster, die sich verselbständigt haben: *Beliefs*
Glück, Glücksgefühl: *Happiness*
Gnade: *Grace*
Helfer-Rolle (auch Helfer-Syndrom): *Helper Role*
Herzensbruch, gebrochenes Herz: *Heartbreak*
Höheres Bewusstsein: *Higher Consciousness*
Idole: *Idols*
Integration (Fachbegriff in der Psychologie): *Integration*
Introjektion (Fachbegriff in der Psychologie, etwa: Leid von anderen aufnehmen, im Unterschied zur Projektion): *Introjection*
Klagen, Vorwürfe machen: *Complaint*
Konkurrenzdenken, Wettbewerbsverhalten: *Competition*
Lebensaufgabe, Lebenssinn, Aufgabe der Seele, (auch: Zweckstrategie, siehe 2. Definition): *Purpose*
Lebensgeschichten, unbewusste „Skripte" (Fachbegriff in der Psychologie): *Life Stories*
Liebevolle elterliche Fürsorge: *Parenting*
Loslassen: *Letting Go*
Machtkampf: *Power Struggle*
Meisterschaft, Meisterung: *Mastery*
Nehmen (entsteht als Pendant zum unwahren Geben; Differenzierung gegenüber demands = Forderungen und possession = Besitz, Inbesitznahme): *Taking*
Opfer, Verzicht, sich aufopfern: *Sacrifice*
Opferolle, Opferhaltung: *Victimization*
Persönlichkeiten (Fachbegriff in der Psychologie, auch: eigenständige Ausprägungen von Teilaspekten der Persönlichkeit): *Personalities*
Radikale Abhängigkeit (Teil des Dreiecksmodells; s. a. Spirituelle Abhängigkeit): *Radical Dependence*
Schuld, Schuldgefühle: *Guilt*
Schuldzuweisung, anderen Vorwürfe machen: *Blame*
Schwelgen (z. B. in Gefühlen schwelgen, anstatt sie einfach zu fühlen), einem Genuss frönen, einer Schwäche nachgeben, sich gehen lassen (zum Beispiel emotional): *Indulgence*
Selbstangriff, Eigenangriff, Auto-Aggression: *Self-attack*
Selbstanteile, „Selbste" (Begriff mit spezieller Bedeutung in der Psychologie der Vision): *Selves*
Selbst-Verpflichtung, Hingabe, Entscheidung für etwas, sich engagieren, sich einlassen: *Commitment*

Sich verbinden, Verbundenheit: *Bonding*
Skripte (Fachbegriff in der Psychologie; s.a. Life Stories), „Drehbuch":
  Scripts
Spirit, Geist, höheres Bewusstsein: *Spirit*
Spiritualität: *Spirituality*
Todessehnsucht, Todesversuchung: *Death Temptation*
Tote Zone, leblose Zeitphase: *Dead Zone*
Transferenz: *Transference*
Trennung, Getrenntheit: *Separation*
Unabhängigkeit (Teil des Dreiecksmodells): *Independence*
Unglücklichsein: *Unhappiness*
Unschuld: *Innocence*
Verantwortung, Verantwortlichkeit: *Responsibility*
Verbundenheit, Verbindung aufnehmen und entfalten (Begriff mit spezieller
  Bedeutung in der Psychologie der Vision), sich verbinden: *Joining*
Vergebung: *Forgiveness*
Verliebtheit, verliebt sein: *Romance*
Verlust, auch Niederlage oder Schadensfall: *Loss*
Verschwörungen, innerpsychische, unbewusste „geheime Abmachungen":
  Conspiracies
Versuchung, Verführung: *Temptation*
Verteidigungsstrategie, Abwehrmechanismus: *Defence Mechanism*
Vision: *Vision*
Wahrnehmung: *Perception*
Widerstand: *Resistance*
Wunder: *Miracles*
Zentrierung, in die eigene Mitte kommen: *Centering*

Seminare mit Lency und Chuck Spezzano

Im deutschsprachigen Raum und in England finden mit Chuck und Lency Spezzano immer wieder Erlebnisabende, Halb- oder Ganztagesseminare, mehrtägige Workshops zur persönlichen Entwicklung und zu Themen aus dem Geschäftsleben und einmal im Jahr ein zehntägiges Intensivseminar statt. Außerdem bieten autorisierte Trainer Studiengruppen und Tages- und Wochenendkurse zu Themen aus der Psychologie der Vision an.

Psychology of Vision-Seminare sind verdichtete Lebenserfahrung. Sie sind eine Gelegenheit, die vielen Facetten unserer Persönlichkeit zu erkunden und die praktischen Schritte zu erlernen, die uns von dort, wo wir jetzt sind, zum lebendigen Ausdruck des vollen menschlichen Potenzials führen. Jedes Seminar ist ein einzigartiges Erlebnis, eine Entdeckungsreise in die Welt des Bewusstseins.

Als Team und Ehepaar verbinden sich in Chuck und Lency Spezzano zwei außergewöhnliche Persönlichkeiten zu einer Intensität, die tiefgreifende Veränderungen in den Menschen auszulösen vermag, und zwar auf allen Ebenen menschlichen Seins: spirituell, psychisch-emotionell, körperlich.
Informationen darüber finden Sie auf der Webseite, oder Sie fragen direkt im deutschsprachigen Sekretariat an:
Psychology of Vision Deutschland, Österreich, Schweiz
Sekretariat c/o Heiko & Andrea Kölle
Bornheimer Landwehr 85, D-60385 Frankfurt/M
Tel: +49 (0)69 48 98 29 87, Fax: +49 (0)69 48 98 29 88
E-Mail: D-A-CH@psychologyofvision.com

Für inhaltliche Auskünfte stehen ausgebildete Psychology of Vision-Trainer zur Verfügung:
Deutschland: Kurt Sommer, Tel.: 08165 / 60 17 77
Österreich: Monika Gruber, Tel.: 0662 / 42 44 02
Schweiz: Susanne Ernst, Tel.: 078 / 638 27 70
Allgemeine Website: www.psychologyofvision.com

Information über Vorträge, Seminare und Ausbildungen außerhalb Europas (Hawaii, USA, Kanada, Taiwan, Afrika) bei:
International Centre Psychology of Vision
Spezzano and Associates
47– 416 Waihee Place, Kahaluu, Hawaii 96744
Tel. +1-808-239 4502, E-Mail: vision@aloha.net

Weitere Bücher aus dem Verlag Via Nova:

Wenn es verletzt, ist es keine Liebe   10. Auflage

Chuck Spezzano

Gebunden, 416 Seiten, ISBN 978-3-928632-20-1

Dieses Bestseller-Buch verändert Ihr Leben. Ein Wissender zeigt den Weg, wie Sie ein Leben führen können, das erfüllt ist von Liebe und Verstehen, von Freude und Glück. Sie erfahren in 366 Kapiteln wichtige Lebensgrundsätze, die Ihre zwischenmenschlichen Beziehungen auf eine höhere Ebene heben.

Wenn es verletzt, ist es keine Liebe

Die Essenz des Bestsellers
Hörbuch mit 3 CDs –
gelesen von Werner Vogel

Chuck Spezzano

Hörbuch mit 3 CDs, ISBN 978-3-86616-066-8

Die wichtigsten Aussagen des Buches sind in dem Hörbuch zusammengestellt. Durch die nach jedem Abschnitt angebotenen Übungen kann das theoretisch Erkannte auch in den praktischen Alltag umgesetzt werden, dann wird das Hörbuch zu einem Wegbegleiter und Ratgeber in bedrängenden Beziehungsnöten. Eine begleitende spirituelle Musik führt noch stärker in die Tiefe und verstärkt die Wirkung der Übungen. So werden Sie Schritt für Schritt in die wichtigsten Grundprinzipien der Liebe eingeführt.

Heilung des Körpers durch den Geist   3. Auflage

Krankheit als körperlicher Ausdruck psychischer Störungen

Chuck Spezzano / Janie E. Patrick

Hardcover, 192 Seiten, 3 farbige Poster
ISBN 978-3-936486-01-8

Das Buch geht von der Wechselwirkung Körper – Geist – Seele aus und versteht den Körper als Spiegel der Seele. In diesem Buch eröffnet Chuck Spezzano durch die Erkenntnis der Ursache der Krankheit neue Wege der Heilung.

50 Wege, loszulassen und glücklich zu sein 6. Auflage

Wegweiser, Vergangenes loszulassen und glücklich in der Gegenwart zu leben

Chuck Spezzano

Hardcover, 168 Seiten, ISBN 978-3-936486-20-9

Dieses Buch des weltweit bekannten Lebenslehrers Chuck Spezzano ist ein wichtiger Wegweiser für alle, die einen Ausweg aus ihrer Lebenskrise suchen, eine Veränderung in ihrem Leben herbeiführen und eine bessere und glücklichere Gegenwart und Zukunft für sich eröffnen wollen. In kurzen und einprägsamen Lektionen erklärt der Verfasser an vielen Beispielen, wie alte Muster aus der Vergangenheit unser Handeln in der Gegenwart beeinflussen, und macht deutlich, dass wir nur dann wahrhaftig glücklich sein können, wenn wir die Fähigkeit entwickeln, Vergangenes loszulassen. Die Wahrheit seiner Lehren und Prinzipien erweist sich immer wieder in ihrer praktischen Umsetzung im Alltag, ganz gleich, ob die Krise durch den Verlust einer Beziehung, den Tod eines geliebten Menschen oder den Verlust der Gesundheit oder des Arbeitsplatzes ausgelöst wurde. Dieses Buch wird zu einem Ratgeber, Lehrer und weisen Freund werden, der dem Leser jederzeit hilfreich zur Seite steht.

Wo Engel gehen auf leisen Sohlen

Wie Sie Beziehungen erfolgreich und harmonisch gestalten können

Chuck Spezzano

Hardcover, 304 Seiten, ISBN 978-3-86616-056-9

„Narren stürmen blind voran, wo Engel gehen auf leisen Sohlen." Unter diesen von dem britischen Schriftsteller Alexander Pope geprägten Satz stellt Chuck Spezzano sein neues Buch. Wieder einmal geht es um menschliche Beziehungen, und wieder einmal ist es dem weltbekannten Lehrer und Experten in der Kunst von Beziehungen hervorragend gelungen, seine neuesten Erkenntnisse auf unterhaltsame, spannende und zugleich unnachahmlich humorvolle Weise zu Papier zu bringen. In 101 abgeschlossenen Kapiteln zeigt er anhand zahlreicher „wahrer Begebenheiten" aus seinem eigenen Leben und praktischer Beispiele aus den unzähligen Seminaren, die er seit vielen Jahren auf der ganzen Welt leitet, in welche Beziehungsfallen Menschen tappen und wie sie sich schnell und erfolgreich daraus lösen können, um ihre Beziehungen zu einem wahren „Kunstwerk" zu gestalten. Der „neue Spezzano" zeigt einmal mehr richtungweisende psychologische und spirituelle Wege auf, die uns zu glücklichen Beziehungen und damit auch zu einem glücklicheren Leben führen können.

Karten der Erkenntnis
auf dem Weg nach innen
Das Buch der Erkenntnis
Chuck Spezzano

10. Auflage

48 künstlerisch gestaltete Karten,
Buch: 144 Seiten, ISBN 978-3-928632-32-4

Wollen Sie mehr Selbsterkenntnis gewinnen, persönliche Ziele und verborgene Wünsche erkennen, die Beziehungen im Privat- und Berufsleben verbessern, Ursachen für Probleme herausfinden und auflösen, Hindernisse auf dem Weg nach innen beseitigen? Dann sind die Karten der Erkenntnis und deren Erklärung eine große Hilfe. Sie sind einfach zu benutzen, hilfreich und inspirierend. Ganz gleich, ob Sie „sofortige Antworten" auf alltägliche Fragen oder langfristige Lösungen für die großen Herausforderungen des Lebens suchen, es wird Ihnen und Ihren Freunden helfen, positive Entscheidungen zu fällen und Veränderungen für eine bessere Zukunft herbeizuführen. Im beiliegenden Buch der Erkenntnis findet der Leser den Schlüssel zum Verständnis und zur Verwendung der Erkenntnis-Karten. Chuck Spezzano erläutert im Einzelnen die Bedeutung aller 48 Karten und erklärt eine Vielzahl von Möglichkeiten, mit ihnen zu arbeiten und sie zu deuten. Außerdem werden über zehn verschiedene Legesysteme beschrieben.

Karten des Lebens
Lebensgeschichten erkennen und heilen

2. Auflage

Chuck Spezzano

100 künstlerisch gestaltete farbige Karten mit Begleitbuch, 224 Seiten, ISBN 978-3-86616-028-6

Die Drehbücher oder Geschichten, die unser Leben bestimmen, schreibt jeder Mensch selbst. Die Karten des Lebens – das neue Karten-Set des bekannten Lebenslehrers Chuck Spezzano – zeigen die Geschichten, die wir in unserem Leben erzählen, ganz gezielt auf. Es können fröhliche und kraftvolle, aber auch dunkle und zerstörerische Geschichten sein. Wir schreiben sie oft in Sekundenbruchteilen, tragen sie und ihre Folgen aber ein Leben lang mit uns. Negative Geschichten aus der Vergangenheit zu heilen und positive, lebensbejahende Geschichten zu stärken ist ein Herzensanliegen von Chuck Spezzano und ein Eckpfeiler seiner Arbeit. 100 wunderschöne, von der deutschen Künstlerin Petra Kühne einfühlsam gestaltete Karten sowie ein Begleitbuch, das die tiefere Bedeutung jeder einzelnen Karte erklärt und Beispiele für verschiedene Befragungsmöglichkeiten enthält, geben dem Leser ein ideales Werkzeug an die Hand, mit dessen Hilfe er seine Lebensmuster erkennen, negative und destruktive Muster heilen und dadurch zu mehr Glück und größerer Fülle im Leben gelangen kann.

Die tieferen Dimensionen des Erfolgs

Erfolgs-Serie Band 2

Chuck Spezzano

Hardcover, 280 Seiten, ISBN 978-3-86616-034-7

„*Die tieferen Dimensionen des Erfolgs*" ist der zweite Band und ein wichtiger Bestandteil der Reihe „Erfolg kommt von innen". Das Buch zeigt auf, dass die Erfahrung von Erfolg nicht nur ein äußeres Phänomen ist, sondern vielmehr im Herzen und im Bewusstsein stattfindet. Es untersucht noch eingehender und tiefgreifender, auf welche Weise das Herz und das Bewusstsein sich miteinander verbinden, um Erfolg herbeizuführen. Es enthält weitergehende Erfolgsprinzipien und offenbart weitere Fallen und mögliche Wege zu deren Lösung. Es zeigt den Weg auf, der mit Hilfe innerer Erfolgsprinzipien voranführt, und taucht zu diesem Zweck auch in die unterbewussten und unbewussten Bereiche des Bewusstseins ein, um das aufzulösen, was uns an der Zuversicht hindert, ein immer höheres Maß an Erfolg in allen Bereichen unseres Lebens haben zu können. Es enthält neue Geschichten, Beispiele, Prinzipien und Methoden.

Gib den Weg frei für die Liebe

2. Auflage

Leitfaden zum Öffnen des Herzens

Lency Spezzano

Gebunden, 168 Seiten, ISBN 978-3-928632-19-5

Ist es Ihr Herzenswunsch, die Zärtlichkeit, die Schönheit und die Faszination einer großen Liebe zu erfahren? Ist Ihnen die natürliche Fähigkeit verlorengegangen, Gefühle wirklich zu empfinden und Vertrautheit zu erleben? Wenn dies zutrifft, ist dieses Buch eine Antwort auf Ihren Hilferuf! Es ist ein Erlebnis, das Ihr Herz bewegen und Sie in einer Weise berühren wird, wie Sie es vorher nur selten erfahren haben. Dass wir alle eine unauslöschliche Sehnsucht nach der Einheit der Liebe haben, beschreibt Lency Spezzano in spannenden und innerlich berührenden Erlebnissen, die aus ihrer eigenen lebendigen Lebenserfahrung und ihren ans Wunder grenzenden Heilerfolgen, ihrer Therapie- und Beratertätigkeit entstanden sind. In der tiefgreifenden Seelenanalyse des menschlichen Wesens durchbricht die Verfasserin die Masken und Rollen, die sich der Mensch als vermeintlichen Selbstschutz angelegt hat.